Marc Touati

RESET

Quel nouveau monde pour demain ?

Ce livre est dédié à toutes les victimes du Covid-19 et notamment à mes amis disparus Alain, Jean-Jacques, Laurent, Robert et Victor

Du même auteur

Un monde de bulles, Bookelis, 2018

La fin d'un monde, Hugo Doc, 2016

Guérir la France La thérapie de choc, préface de Maurice Levy, Editions du Moment, 2015, « prix du livre d'actualité 2015 » décerné par le Cercle de l'Excellence RH.

Le dictionnaire terrifiant de la dette, Editions du Moment, 2013, réédité en 2014 et passé en édition poche en 2015.

Quand la zone euro explosera, Editions du Moment, 2012.

Krach, boom... et demain ?, Dunod, 2009,

Le Politique saisi par l'économie, collectif, Economica, 2002.

Le retour du plein-emploi une nouvelle révolution française, avec Pierre Alexandre, Anne Carrière, 2000.

ISBN : 979-10-359-0486-9

INTRODUCTION

CORONAVIRUS : VERS UN NOUVEAU PARADIGME ÉCONOMIQUE MONDIAL.

Je ne passerai pas par quatre chemins : la pandémie de Coronavirus constitue certainement un choc équivalent à celui du krach de 1929 qui entraîna la « Grande dépression » des années 1930. Ce drame est donc encore plus puissant que ceux qui ont suivi les attentats du 11 septembre 2001 et la faillite de Lehman Brothers. En fait, pourtant de nature très différente, ces chocs ont un point commun : ils font tomber la planète dans l'inconnu, imposant à cette dernière de changer de paradigme économique et sociétal.

En effet, avant le 11 septembre 2001, l'équilibre économique mondial apparaissait clair : sortis largement vainqueurs de la guerre froide contre l'URSS, puis de la guerre en Irak de 1990-91, les Etats-Unis semblaient à même d'assurer la sécurité économique, financière et matérielle de la planète. La chute des tours du World Trade Center, quelques mois après l'éclatement de la bulle Internet, a montré que la réalité était loin d'être si évidente. Cette catastrophe a ainsi mis en exergue les dangers sécuritaires, tout en affaiblissant durablement la suprématie des pays développés.

Sept ans plus tard, autre choc, nouveau plongeon dans l'inconnu et nouveau changement de paradigme. Cette fois-ci, toutes les certitudes sur le système bancaire et financier s'écroulent en quelques jours. Et pour cause : contredisant le fameux principe du « Too big to fail », les autorités américaines décident de mettre en faillite la quatrième banque d'affaires de la planète, en l'occurrence Lehman Brothers. Par là même, elles mettent également fin au règne sans partage de la finance mathématisée à l'extrême qui a laissé croire un temps que l'on pouvait augmenter les rendements sans augmenter le risque.

Après avoir frôlé la faillite, les banques des pays développés s'amendent, arrêtent de spéculer avec leurs fonds propres et s'engagent à limiter leurs risques. En contrepartie, le monde va engager sa plus forte relance depuis le plan Marshall : baisse massive des taux d'intérêt de toutes les banques centrales, relance budgétaire mondiale de 5 000 milliards de dollars à l'échelle de la planète (soit, à l'époque 9 % du PIB mondial), « planche à billets » généralisée, qui atteindra 4 000 milliards de dollars du côté de la Réserve fédérale américaine (Fed) et 3 000 milliards d'euros pour la Banque Centrale Européenne (BCE).

Si cette débauche de moyens a évidemment permis d'éviter la réédition de la crise de 1929, elle a également créé une multitude de bulles financières, et notamment sur les bourses et les marchés des dettes publiques. Avec en toile de fond, la montée inaltérable de l'économie chinoise, qui est devenue à la fois l'usine du monde, la locomotive incontestable et incontestée de la croissance mondiale, mais aussi la créancière d'un grand nombre d'entreprises et d'Etats à travers le globe.

Seulement voilà, les investisseurs et les citoyens de notre belle Terre oublient souvent une règle de base incontournable : les arbres ne montent pas au ciel. La Chine est en train d'en faire la douloureuse expérience. En effet, de 1980 à 2019, son PIB réel (c'est-à-dire hors inflation) a flambé de 3 261 %. Sur la même période, son poids dans le PIB mondial en parités de pouvoir d'achat est passé de 2 % à 20 %. Un succès que personne n'a osé contester, d'autant qu'il a permis de réduire nettement l'inflation des produits consommés à travers le monde. Cet avantage majeur a ainsi fait oublier que les normes sanitaires et démocratiques de l'Empire du milieu étaient loin d'être satisfaisantes. L'épidémie du Coronavirus de Wuhan est venue mettre les pendules à l'heure de façon dramatique.

Bien entendu et soyons-en convaincus : nous allons forcément sortir de cette crise. Et le plus tôt sera bien sûr le mieux. Une question demeure néanmoins sans réponse : dans quel état ? Lors d'un tsunami, c'est effectivement lorsque l'eau se retire que l'on peut mesurer l'ampleur des dégâts.

Et, dans le cas présent, ces derniers seront forcément énormes. Tout d'abord d'un point de vue humanitaire compte tenu du nombre élevé de vies perdues prématurément. Pour autant, il serait erroné de croire que les conséquences négatives du Coronavirus s'arrêteront lorsque les décès des malades cesseront. Celles-ci seront malheureusement nombreuses et durables : dépression économique, faillite d'entreprises, krachs boursiers à répétition, flambée du chômage, augmentation de la pauvreté et des tensions sociales, risques d'émeutes, voire pire.

Dans ce cadre, une sorte de « Reset » (réinitialisation ou remise des compteurs à zéro en français) devrait progressivement s'imposer. Et n'en soyons pas effrayés, car, comme toujours, le monde s'en relèvera, même si cela prendra des années.

Nous ne sommes évidemment pas devins et ne pouvons pas savoir avec précision quand et comment l'Humanité sortira de cette crise, mais nous pouvons néanmoins d'ores et déjà esquisser quelques évolutions économiques et financières probables pour l'après-crise.

Première conséquence, la Chine devrait tomber de son piédestal et connaître une phase durable de croissance molle. En effet, le monde ne lui pardonnera pas de sitôt d'avoir été à l'origine de la plus grande pandémie depuis la grippe espagnole de 1918.

Dans ce cadre, il est clair que les commandes internationales vers la Chine vont nettement se réduire, si bien que l'Empire du milieu perdra progressivement son statut d'usine du monde. Or, n'oublions pas que, pour parvenir à ce niveau, la Chine s'est considérablement endettée et a investi massivement. Si la demande s'effondre et si, par là même, le retour sur investissement n'est pas au rendez-vous, un contrecoup économico-financier apparaît inévitable.

Certes, dans la mesure où sa banque centrale dispose encore d'environ 3 090 milliards de dollars de réserves de changes, la Chine ne s'écroulera pas complétement et immédiatement. Pour autant, sa croissance économique va devenir structurellement plus faible. Or, dans la mesure où, depuis une quinzaine d'années, la Chine réalise directement près de 40 % de la croissance mondiale, il est clair que cette dernière va aussi s'affaiblir structurellement.

Bien entendu, des mouvements de relocalisation de la production vers les pays développés permettront de limiter les dégâts. Mais, ne rêvons pas, cette réorganisation du système productif international prendra du temps et comportera de nombreux coûts. Dans ce cadre, une augmentation notable de l'inflation planétaire est envisageable, réduisant *de facto* la progression de l'activité mondiale.

Parallèlement, de nombreux secteurs d'activité vont être fortement affectés par la pandémie, y compris lorsque cette dernière sera terminée. Il s'agit bien sûr du tourisme, de l'hôtellerie, de l'aéronautique, mais aussi du luxe, dont 60 % de la croissance depuis dix ans provient de Chine. Même si un effet de rattrapage de la faiblesse passée devrait se produire, il est clair que l'engouement des dernières années pour les voyages touristiques, les déplacements en avion ou encore les produits de luxe ne sera plus le même pour une longue période.

En outre, la mondialisation constituant le bouc émissaire idéal de la pandémie, un mouvement de « repli sur soi » risque de se produire à travers la planète, ce qui réduira nettement les échanges internationaux et par là même la progression de l'activité mondiale.

Conséquence logique de cette décélération internationale, les Etats-Unis et l'Europe, déjà en croissance molle avant la pandémie et en récession historique en 2020, connaîtront également une phase d'atonie économique durable.

C'est d'ailleurs ce que préfigure déjà le krach boursier mondial, qui, malgré une « remontada » impressionnante en avril-mai, n'est pas près de se terminer. En effet, après avoir purgé leur bulle des dernières années, les marchés boursiers internationaux sont tombés dans un puit sans fond, pour la simple raison que l'incertitude née de la pandémie est telle que les normes et les échelles de valeurs habituelles ont volé en éclat. Dès lors, la valse des milliards des banques centrales ne sert pas à grand-chose et est incapable de stopper définitivement la chute des marchés.

Et là aussi, une fois que la crise sera finie, de nombreuses plaies resteront ouvertes durablement. Du moins jusqu'à la prochaine bulle…

En attendant, en plus du krach boursier, nous risquons également d'entrer dans un krach obligataire durable. En effet, l'autre valse des milliards, en l'occurrence celle des Etats, va mécaniquement creuser les déficits et les dettes de ces derniers.

Or, si jusqu'à présent les investisseurs restaient aveuglés par l'opium des banques centrales, ils comprennent désormais avec pertes et fracas que les risques qui entourent les dettes publiques sont devenus dramatiquement élevés. Si bien qu'après la crise, certains Etats, y compris dans le monde développé, pourraient tout simplement faire défaut. Autrement dit, en dépit de la récession et de la faiblesse des taux d'intérêt monétaires, les taux d'intérêt des obligations d'Etat entreront dans une phase de nette augmentation.

Le drame est que ce krach obligataire va renchérir les crédits, affaiblissant encore une activité économique déjà très mal en point. En outre, cette tension des taux longs va aussi susciter l'explosion des bulles immobilières, en particulier en France.

En conclusion, à toute chose malheur est bon : oui la pandémie de Covid-19 sera douloureuse pour toutes et tous, mais elle se traduira par un « Reset » de l'économie et des marchés à travers le monde, qui pourront alors repartir, espérons-le, sur des bases plus saines.

Certes, cette remise à zéro pourrait aussi se traduire par un nouveau monde pire que l'ancien, avec notamment une hégémonie augmentée de la Chine, mais aussi des économies occidentales surendettées et incapables de retrouver le chemin de la croissance forte. Or, cette dernière reste la condition *sine qua non* pour sortir de la crise de la dette, qui, même si le monde l'a oublié, n'est toujours pas terminée.

De même, largement portées par la pandémie, les tentations du repli sur soi, de la démondialisation ou encore de la décroissance pourraient être érigées en dogmes incontournables. Une telle régression finirait forcément par réduire dramatiquement nos libertés, tout en empêchant les pays émergents de rattraper les pays dits développés et en suscitant une flambée du chômage et de la pauvreté à travers le monde.

Parallèlement, sorties d'ores et déjà renforcées par la pandémie, les entreprises du numérique, et en particulier les GAFAM (Google, Amazon, Facebook, Apple, Microsoft), pourraient devenir encore plus puissantes et développer davantage leur pouvoir monopolistique et donc particulièrement dangereux.

En outre, après tant d'années de bulles et d'exagérations, il ne faudrait pas que les marchés financiers profitent de ce « Reset » pour retomber dans les mêmes travers et a fortiori les augmenter.

Pour toutes ces raisons et bien d'autres (que nous détaillerons bien sûr dans ce livre), il est donc indispensable que les dirigeants économiques, politiques et monétaires de la planète, mais aussi l'ensemble des citoyens du monde ne tombent pas dans ces pièges si tentants et qu'au contraire, ils tirent les leçons de leurs erreurs passées pour ne pas les rééditer.

Autrement dit, ne baissons pas les bras. Car de la même façon qu'un « Reset » est parfois nécessaire pour relancer une machine ou un appareil défectueux, l'économie, les marchés financiers et nos sociétés au sens large pourront bientôt redémarrer sur des fondements meilleurs.

Ne soyons donc pas défaitistes : Oui, un nouveau paradigme mondial va bien s'imposer au cours des prochaines années. Et si l'incertitude autour de ce nouvel ordre international demeure forte, une chose est sûre : au final, même si la route sera longue et forcément semée d'embûches, le monde sortira de la crise par le haut, car, comme d'habitude, tout ce qui ne nous tue pas nous rend plus fort.

EPISODE I :

UNE RÉCESSION HISTORIQUE.

1.
Que savons-nous vraiment ?

« Ce que je sais c'est que je ne sais rien ». En ces temps troublés, il serait bon que chacun médite régulièrement cette phrase du philosophe Socrate. En effet, qu'ils soient dirigeants politiques, banquiers centraux, politologues, économistes, analystes en tous genres, journalistes, philosophes ou encore médecins, il est frappant de voir avec quelle facilité et quelle rapidité, la grande majorité des soi-disant « sachants » ne cesse de se tromper et de lancer des contre-vérités, parfois lourdes de conséquences.

Après nous avoir laissé croire que le « Coronavirus de Wuhan » ne serait qu'une « grosse grippe », sans impact majeur sur la santé publique, puis avoir tout fait pour nous convaincre que les masques n'étaient d'aucune utilité pour se protéger, on veut désormais nous faire avaler que l'explosion de la dette publique n'est pas grave et que d'ailleurs, elle ne sera jamais remboursée. Quelle ineptie et quel manque de discernement ! Et surtout quel drame pour les prochaines années et pour les générations à venir !

Car ne nous leurrons pas, tôt ou tard, il faudra payer la facture. Que ce soit par une augmentation des impôts, une flambée de l'inflation, une forte hausse des taux d'intérêt des crédits ou les trois à la fois, il faudra forcément passer à la caisse, ou à la casserole. Avec, au bout du chemin, des risques élevés d'instabilité sociale et sociétale, voire la fin de la zone euro. Est-ce cet héritage que nous voulons laisser à nos enfants ?

Bien entendu, le pire n'est heureusement jamais certain. D'ailleurs, l'économie n'étant pas une science exacte, il n'existe pas de vérité absolue en la matière. Dans ce cadre, il est logique, honnête et surtout constructif d'accepter les débats et les oppositions de manière à essayer de réaliser les meilleures prévisions possibles. Sans néanmoins se laisser « avaler » par le consensus et la pensée unique.

C'est d'ailleurs la raison principale pour laquelle les économistes et les prévisionnistes en tous genres établissent des prévisions si différentes malgré une réalité de départ identique. Aussi, pour commencer cet ouvrage, dans un souci de transparence et même si cela risque de déplaire à certains économistes qui préfèrent garder leur « expertise » pour eux sans la faire partager, je souhaite vous faire savoir comment s'établissent les prévisions économiques et financières. En fait, en temps normal, ces dernières se basent sur trois piliers.

Le premier réside dans l'analyse des statistiques passées et dans leur mise en perspective au travers des mécanismes qui régissent l'économie et les marchés financiers. Il s'agit par exemple des canaux de transmission de la politique monétaire qui font que la variation des taux d'intérêt directeurs d'une banque centrale va agir sur l'économie, via le canal du crédit, le canal des taux d'intérêt, le canal du taux de change et celui des effets de richesse. Pour faire simple, lorsque les taux directeurs baissent, le coût du crédit est moins élevé et incite donc les acteurs économiques à augmenter leur endettement, d'où une progression plus forte de la consommation et de l'investissement.

Parallèlement, la baisse des taux va rendre moins attractifs les placements monétaires et plus attrayants les investissements productifs dont le taux de rendement était précédemment inférieur au taux directeur, les rendant par là même inintéressants.

Troisième canal, celui du change. La baisse des taux directeurs réduit l'appétence internationale pour la devise, d'où une dépréciation de cette dernière et *in fine* une augmentation des exportations et une réduction des importations.

Enfin, lorsque les taux d'intérêt reculent, les cours des actions et des obligations ont tendance à augmenter, accroissant par là même la richesse des détenteurs de ces produits, qui sont alors disposés à consommer et à investir davantage.

A côté de ces facteurs d'analyse économique, le deuxième pilier de la prévision repose sur l'économétrie, c'est-à-dire l'établissement d'équations qui permettent de faire des projections à partir des données passées et présentes. En fonction de l'observation empirique des relations entre différentes variables, certaines grandeurs explicatives permettent d'anticiper d'autres grandeurs (dites « expliquées ») et ce via des coefficients de corrélation. Mais attention, lors des graves crises et/ou des changements de paradigme économique (comme nous sommes en train de le vivre), la valeur prédictive de l'économétrie se réduit fortement. Autrement dit, si elle fort utile, cette dernière est loin d'être la panacée.

D'où un troisième pilier de la prévision que personne n'ose avouer, mais qui fait pourtant la différence, à savoir le « feeling » ou encore l'intuition. Attention, ce pilier n'a rien à voir avec la boule de cristal, la cartomancie ou encore le doigt mouillé, si chers à de nombreux économistes. En fait, ce « feeling » est le produit de l'expérience et surtout du ressenti du terrain. Voilà pourquoi, plutôt que de rester dans leurs bureaux à refaire le monde au travers d'équations mirobolantes mais qui ne veulent rien dire, les économistes ont l'obligation d'aller voir les chefs d'entreprise, les opérateurs de marchés, les investisseurs, les particuliers… C'est d'ailleurs là que réside le moyen principal d'éviter le suivisme du fameux consensus.

Dans ce cadre, il est possible de dire qu'une bonne prévision (sans jugement de valeur bien entendu) se répartit équitablement entre ces trois piliers : l'analyse, l'économétrie et le « feeling ». Et lorsque l'un des trois piliers voit sa part augmenter démesurément, par exemple pour des motifs de dogmatisme ou de politisation ou encore d'entêtement, la prévision a de grande chance d'être fausse.

Néanmoins, il faut reconnaître qu'aujourd'hui, ces fondements de base de la prévision économique sont ébranlés. Et pour cause : nous assistons à la fin d'un monde et à l'émergence d'un nouvel environnement sanitaire, géopolitique, économique, environnemental ou encore financier. Dès lors, fonder ses prévisions sur l'analyse traditionnelle ou encore l'économétrie, c'est-à-dire la mise en équation du passé, devient de plus en plus caduc. Certes, il ne faut pas jeter le bébé avec l'eau du bain et tomber dans l'extrême qui consisterait à dire que le monde s'est écroulé et que dès lors, tous les outils normaux de l'analyse économique ne servent à rien.

Pour autant, nous devons avouer que, face à l'inconnu, il faut aussi savoir s'adapter et remettre en question ce que l'on croyait être des connaissances acquises et indubitables. C'est pourquoi, faire des prévisions sur la base des fondamentaux économiques est presque devenu impossible. Pour la bonne et simple raison que tous nos repères ont disparu et que tout devient envisageable. C'est en cela que, pour une fois, il est possible de dire que telle ou telle prévision est optimiste ou pessimiste. Car le troisième pilier de la prévision, en l'occurrence le « feeling » ou encore la vision du monde, est devenu prépondérant. Dans ce cadre, je revendique que mes prévisions et celles de mes équipes au sein de mon cabinet ACDEFI (Aux Commandes de l'Economie et de la Finance), qui sont, selon notre vision du monde, les plus réalistes possibles, peuvent actuellement apparaître pessimistes.

Sachez néanmoins que compte tenu des incertitudes et des fortes révisions des statistiques déjà publiées, établir des prévisions aujourd'hui relève de la haute voltige. Pour être complètement franc, je dirai donc qu'en ce moment, il n'est pas possible de faire des prévisions fiables. Il est vrai que la mode actuelle consiste à se voiler la face et à ignorer les bulles qui nous entourent. Cependant, en dépit du consensus et de toutes sortes de pression, je persiste et refuse de suivre bêtement le troupeau. Cela n'a jamais été ma tasse de thé, il n'y a pas de raison pour que cela change...

Plus que jamais et à l'instar de Socrate, il faut donc faire preuve d'humilité et de retenue, non seulement en matière de prévisions mais aussi de comportement global. Espérons que les dirigeants politiques et monétaires, ainsi que tous les soi-disant « sachants » de la planète sauront s'en souvenir. En attendant, et pour éviter d'être trop manipulés, rappelons-nous simplement que sur la plupart des annonces de ces derniers, il n'y a qu'environ 20 % de vrai...

Une fois cette mise au point effectuée, nous pouvons donc nous lancer en toute transparence dans l'analyse du « Reset » qui s'impose désormais à l'ensemble de la planète…

2.
LA PLUS GRAVE RÉCESSION DEPUIS LE KRACH DE 1929.

A faire pâlir les altermondialistes
A faire rougir tous les écologistes
A faire crier grâce à tous les échos
A faire trembler les murs de Jéricho
Le PIB s'est effondré.
Il est tombé comme il n'est jamais tombé
Le chômage et la dette vont flamber…

Eh oui, même dans leurs rêves les plus fous, les tenants de la décroissance n'auraient pas pu l'imaginer : au premier semestre 2020, le PIB s'est effondré massivement partout !

A tel point que cela m'a inspiré une petite parodie de la célèbre mélodie de Michel Sardou « Je vais t'aimer » (désolé, on s'amuse comme on peut quand on est économiste).

Car, même si l'on s'attendait à une forte baisse du PIB au deuxième trimestre 2020 dans la quasi-totalité des pays du globe (à l'exception de la Chine qui a subi cette sanction au premier trimestre, avant de rebondir au trimestre suivant, comme nous le verrons au chapitre 6), celle qui a finalement été publiée a été encore plus impressionnante que prévu.

Et ce, en particulier en France.

En effet, après avoir déjà baissé de 0,2 % au quatrième trimestre 2019 (merci les grèves !), puis chuté de 5,9 % au premier trimestre 2020 (avec « seulement » 14 jours de confinement), le PIB français s'est effondré de 13,8 % au deuxième trimestre 2020. Au total, sa régression atteint 18,9 % sur l'ensemble du premier semestre et son glissement annuel s'écroule à -19 %. Du jamais vu dans l'Histoire contemporaine de la France.

Pour encore mieux mesurer l'ampleur des dégâts, soulignons que le niveau du PIB français réel (c'est-à-dire hors inflation) du deuxième trimestre 2020 se situe sur un plancher depuis le deuxième trimestre 2002.

Non, vous ne rêvez pas : les 55 jours de confinement national ont projeté la France 18 ans en arrière.

Le détail des comptes nationaux français est encore plus catastrophique, puisque tous les postes clés de la demande s'effondrent. A commencer par la consommation des ménages qui chute de 11 % sur le deuxième trimestre et de 15,6 % en glissement annuel.

Dans le même temps et sans surprise, l'investissement logement des ménages a connu une chute vertigineuse : - 20,4 % sur le deuxième trimestre et - 30,3 % en glissement annuel.

Encore plus problématique, l'investissement des entreprises hexagonales s'est aussi effondré comme jamais : - 16 % sur le deuxième trimestre 2020 et - 22,4 % en glissement annuel. A titre de comparaison, ce dernier était de - 13,7 % au plus fort de la crise de 2009, précisément au troisième trimestre 2009.

Etant un indicateur avancé de l'emploi, il est clair que cette chute de l'investissement des entreprises, quand bien même un rebond technique se produirait au second semestre 2020, annonce des lendemains très difficiles pour le marché du travail français.

En outre, comparativement à ses homologues directs de la zone euro en termes de niveau de richesses, en l'occurrence l'Allemagne et l'Italie, la France « se paie le luxe » de faire « mieux » que les autres puisqu'elle affiche un glissement annuel du PIB de - 19 %, contre respectivement - 11,7 % et - 17,3 %

Enfin, pour ne rien arranger, la France est le pays de la zone euro qui enregistre la deuxième plus forte baisse du PIB au cours du premier semestre 2020, seule l'Espagne faisant pire, avec une chute de 22,7 %.

Piètre consolation, la France n'est pas le pays qui subit le plus fort « retour en arrière ». En effet, compte tenu du retard déjà accumulé depuis la crise de 2009 et de son plongeon du premier semestre 2020, le PIB italien se retrouve sur un plus bas depuis le troisième trimestre 1993.

Certes, comme souvent, l'Allemagne a réussi à tirer son épingle du jeu et à moins souffrir qu'ailleurs. Pour autant, la chute de son PIB reste énorme : - 10,1 % sur un trimestre et - 11,7 % en glissement annuel. Là aussi, des niveaux historiques.

Conséquence logique de l'ensemble de ces évolutions : le PIB de l'ensemble de la zone euro a chuté de 12,1 % au deuxième trimestre 2020, enregistrant un glissement annuel de - 15 %, qui est évidemment un plus bas historique. Compte tenu de cette dégringolade, le PIB eurolandais tombe à un plancher depuis le premier trimestre 2005.

Que dire alors de l'écart de croissance annuelle Etats-Unis/Zone Euro qui s'envole à 5,5 points, soit un écart de croissance annuelle cumulé de 96,1 points depuis 1995 ? Face à un tel fossé, l'appréciation récente de l'euro/dollar apparaît particulièrement déplacée.

En effet, outre-Atlantique, le PIB n'a reculé « que » de 9,5 % au deuxième trimestre et de 10,6 % sur l'ensemble du premier semestre 2020.

De plus, contrairement à ce qui s'observe en France, l'investissement des entreprises américaines baisse mais sans s'effondrer. En effet, le glissement annuel de celui-ci est actuellement de - 8,8 %, contre un plus bas de - 17,1 % au deuxième trimestre 2009. Or, si l'investissement résiste, l'emploi retrouvera vite des couleurs et la consommation avec.

Ainsi, dans la mesure où un rebond a déjà commencé pour le troisième trimestre 2020, la variation annuelle moyenne du PIB américain sur 2020 devrait avoisiner les - 4,7 %. Ce qui constituera néanmoins un résultat bien plus mauvais que lors des trois dernières récessions américaines, en l'occurrence - 1,8 % en 1982, - 0,1 % en 1991 et - 2,5 % en 2009.

Pour retrouver une récession encore plus dramatique, il faut remonter aux années 1945-47. Car, aussi bizarre que cela puisse paraître, les années 1941-43 ont été marquées par une croissance forte aux Etats-Unis compte tenu du fameux « effort de guerre ». Ce dernier a consacré une progression du PIB américain de 76 % entre 1941 et 1944. En revanche, de 1945 à 1947, le PIB américain a reculé de 13,5 % (dont - 11,6 % sur la seule année 1946) avant de repartir en forte hausse avec le plan Marshall et le début des « Trente Glorieuses ».

En fait et sans surprise, la plus forte chute du PIB américain a été observée lors du fameux krach de 1929. De 1930 à 1933, celui-ci a effectivement chuté de 26,3 %, la pire année jamais enregistrée étant 1932, avec une dégringolade annuelle du PIB de 12,9 %.

Dire que nous vivons la pire récession depuis la seconde guerre mondiale et même depuis la crise des années 1930 n'est donc pas une figure de style mais une réalité.

A la suite du krach de 1929, le PIB américain a plongé de 26,3 %.

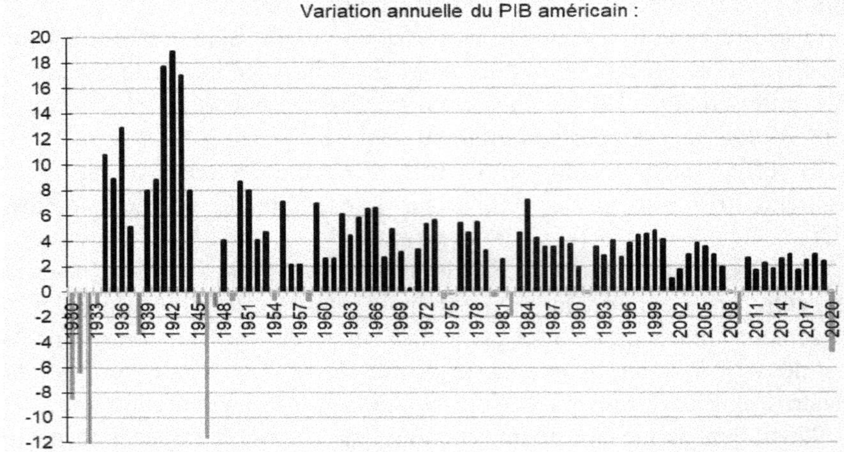

Sources : BEA, Prévisions ACDEFI

Chute historique du PIB français au premier semestre 2020.

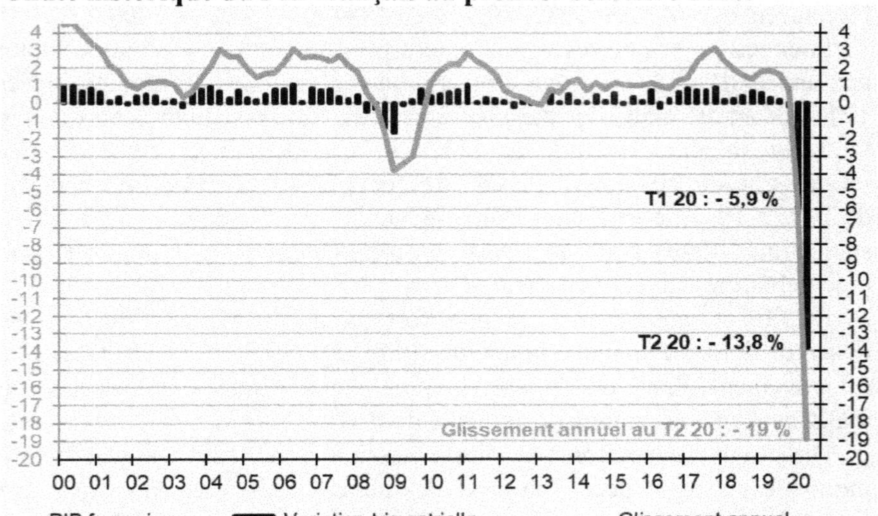

Sources : INSEE, ACDEFI

France : la consommation et l'investissement plongent.

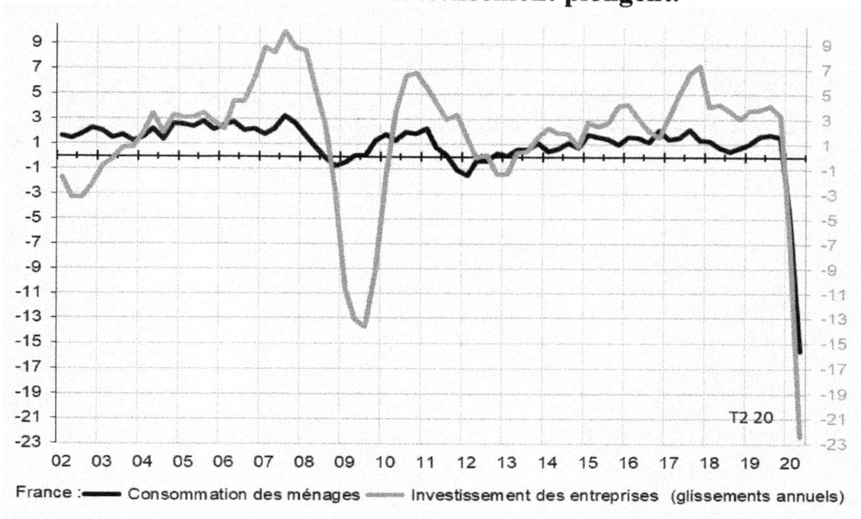

Sources : INSEE, ACDEFI

La France loin derrière l'Allemagne, mais aussi pire que l'Italie.

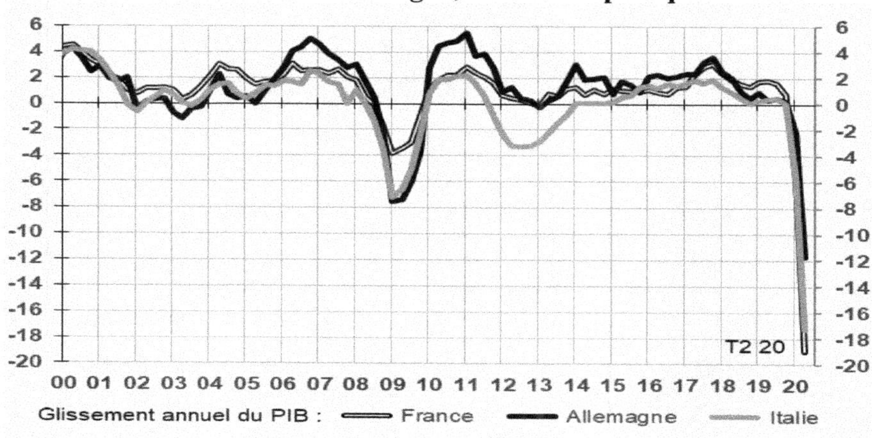

Sources : INSEE, Destatis, Eurostat, ACDEFI

La récession de la zone euro bien plus grave que celle des Etats-Unis.

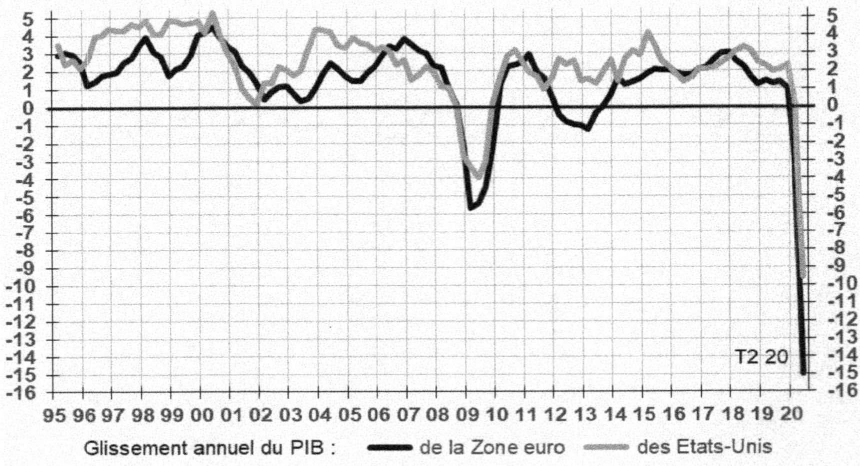

Sources : Eurostat, BEA, ACDEFI

Un grand bond en arrière pour l'Espagne, la France et l'Italie.

	Variation du PIB au premier semestre 2020 en %	Le niveau du PIB atteint au deuxième trimestre 2020 est un plus bas depuis le :
Espagne	**-22,7**	Premier trimestre 2002
France	**-18,9**	**Deuxième trimestre 2002**
Portugal	-17,3	Quatrième trimestre 1998
Italie	-17,1	**Troisième trimestre 1993**
Zone euro	-15,3	Premier trimestre 2005
Allemagne	-11,9	Quatrième trimestre 2010
Etats-Unis	-10,6	Quatrième trimestre 2014

Sources : Eurostat, INSEE, Destatis, BEA, ACDEFI

3.
APRÈS LE PLONGEON, UNE REPRISE EN V EST-ELLE POSSIBLE ?

La messe est dite : l'économie mondiale est donc bien passée du stade de la récession à celui de la dépression.

Bien entendu, les effondrements impressionnants des PIB et des indicateurs avancés de la conjoncture économique à travers le monde au premier semestre 2020 étaient principalement dus à l'arrêt massif de l'activité, lui-même lié à la situation de confinement.

Dès lors, certains pourraient conclure hâtivement que la fin du confinement engendrera mécaniquement une reprise forte et durable, dite en V.

Malheureusement, il n'en a rien été et il n'en sera rien.

Certes, après quatre mois de baisse massive de l'activité, les indicateurs avancés de l'activité, et notamment ceux des enquêtes Markit PMI des directeurs d'achat, ont retrouvé le chemin de la croissance en juillet.

Et ce, en particulier dans la zone euro et en France. En fait, et en toute logique, plus la baisse passée a été forte, plus le rebond est massif.

Pour autant, ne nous voilons pas la face : ce sursaut reste technique et ne permettra pas d'éviter la récession sur l'ensemble de l'année 2020 dans la très grande majorité des pays. D'autant plus que la recrudescence des cas de Covid-19 à travers le monde et le retour des confinements risquent de susciter une rechute de l'activité économique à court ou moyen terme.

En attendant, profitons des quelques bonnes nouvelles de juin-juillet pour retrouver un peu d'espoir. Pour information, rappelons tout d'abord que les indices PMI des directeurs d'achat sont très simples à comprendre : lorsqu'ils se situent au-dessus de la barre des 50, ils annoncent une progression de l'activité, qui sera évidemment d'autant plus forte que cette frontière sera dépassée. Réciproquement, en-deçà des 50, ils indiquent que l'activité est en repli.

Au plus fort de la « CoronaRécession », ces indicateurs avancés sont ainsi tombés sur des planchers historiques dans tous les pays du globe, avec par exemple des niveaux de 10,2 dans les services en France en avril 2020 et même de 5,2 en Inde toujours dans les services et également en avril 2020. Ces niveaux abyssaux correspondaient au fait que le caractère très strict du confinement, dans ces deux pays, comme dans beaucoup d'autres, a tout simplement gelé une grande partie de l'activité.

A partir de la fin du confinement, un rebond correctif s'est mécaniquement produit, sans pour autant annoncer le retour d'une croissance forte et durable.

En juillet 2020, l'indice Markit PMI de l'industrie de la zone euro est ainsi repassé au-dessus de la barre des 50 pour la première fois depuis janvier 2019. De quoi rappeler, au passage, que la récession industrielle a commencé bien avant la pandémie de Covid19, qui n'a fait finalement que l'aggraver.

En outre, il faut signaler qu'en dépit des soutiens monétaires et budgétaires colossaux, l'activité dans l'industrie reste encore très fragile, avec un indice PMI « industrie » de 51,8. C'est évidemment bien mieux que les 33,4 d'avril 2020, mais encore très loin de la croissance forte.

En fait, c'est principalement l'activité dans les services qui a nettement rebondi en juillet. En effet, après être tombé dans les profondeurs de la récession en avril, avec un niveau historiquement bas de 12, l'indice Markit PMI « services » de la zone euro a progressivement rebondi au cours des deux mois suivants pour finalement atteindre un niveau très appréciable de 54,7 en juillet. Il s'agit d'un plus haut depuis septembre 2018. Autrement dit, une bonne performance mais pas pour autant exceptionnelle au regard de la débauche de moyens déployés par les Etats et par la BCE.

Conséquence logique de ces évolutions, l'indice Markit composite (c'est-à-dire de tous les secteurs d'activité) est passé de 13,6 en avril à 48,5 en juin et 54,9 en juillet, un plus haut depuis juin 2018, mais encore 4 points de moins que le niveau qui prévalait en janvier 2018.

De plus et surtout, l'indice de sentiment économique de la Commission Européenne pour l'ensemble de la zone euro, qui constitue le meilleur indicateur avancé de la croissance de cette dernière, peine à remonter la pente. En effet, après avoir touché un plancher historique de 64,9 en avril

2020, il n'était que de 82,3 en juillet, soit encore près de 20 points de moins que sa moyenne de long terme.

En résumé : l'évolution récente des indicateurs avancés de l'activité de la zone euro est certes appréciable, mais ne constitue qu'un effet de rattrapage de la faiblesse passée et annonce nullement le retour d'une croissance durablement vigoureuse.

Une analyse similaire peut également être avancée pour l'économie allemande. En effet, si l'activité dans les services rebondit nettement, l'industrie continue de souffrir.

En juillet, l'indice Markit PMI « industrie » n'a atteint qu'un niveau de 51, un plus haut depuis décembre 2018 mais toujours très loin de la croissance forte.

Quant à son homologue dans les services, après être tombé à 16,2 en avril dernier, il a atteint 55,6 en juillet, un plus haut depuis juin 2019.

En Allemagne aussi, la croissance est donc de retour, mais demeure toujours fragile.

La dichotomie industrie / services est également observable en France. En effet, en juillet, l'indice Markit PMI « industrie » y a quasiment stagné à 52,4 (après 52,3 en juin). C'est donc évidemment bien mieux que les 31,5 d'avril, mais toujours très loin d'une situation de croissance soutenue.

Comme dans la zone euro et en Allemagne, ce sont les services qui ont surpris par leur dynamisme. Et pour cause : l'indice Markit PMI correspondant a bondi à 57,3.

Si ce niveau est évidemment très élevé, il faut néanmoins le relativiser. D'une part parce qu'il ne fait que corriger le plongeon du printemps dernier, avec notamment un plancher de 10,2 en avril. D'autre part, parce que le niveau atteint en juillet reste encore loin de ses précédents records, en l'occurrence 60,4 en novembre 2017 ou encore 62,9 en avril 2011.

Cette nécessaire relativisation transparaît également dans les enquêtes INSEE de juillet. En effet, l'indice INSEE du climat des affaires de l'ensemble des secteurs a poursuivi son rebond technique, mais n'a atteint qu'un niveau de 84,7, soit encore 15,3 points de moins que sa moyenne de long terme.

Aux Etats-Unis aussi, l'heure est à la reprise en douceur. Dans la mesure où les indicateurs Markit des directeurs d'achat américains avaient limité les dégâts en mars-avril, leur rebond est plus limité et indique que l'économie américaine devrait continuer de résister, tout en sortant progressivement de la récession.

En juillet, ces mêmes indicateurs Markit ont d'ailleurs été mi-figue mi-raisin : 50,9 dans l'industrie, 50,0 dans les services et 50,3 pour l'indice composite.

Quant à l'indice de confiance des ménages américains calculé par le *Conference Board*, il se maintient sur des niveaux appréciables et bien supérieurs à ceux de la crise de 2009, indiquant qu'après avoir déjà bien résisté au cours du premier trimestre 2020, puis chuté nettement au deuxième trimestre, la consommation des ménages devrait progressivement retrouver son rôle de moteur de l'activité outre-Atlantique.

Et ce d'autant que les créations d'emplois ont continué de fortement rebondir au cours des derniers mois.

Même s'il manque encore 14 millions d'emplois pour retrouver le niveau de l'emploi de février dernier, la « job machine » américaine continue de surprendre par la rapidité de sa reprise. D'ailleurs, après avoir bondi à 14,7 % en avril, le taux de chômage est retombé à 11,1 % en juin, soit à peine 3 points de plus qu'en France, où le taux de chômage a été maintenu artificiellement bas par le recours massif et très coûteux au chômage partiel…

Enfin, parmi les pays développés, c'est le Japon qui présente les moins bonnes perspectives. En effet, en dépit d'une amélioration corrective, ses indices des directeurs d'achat demeurent nettement inférieurs à la barre des 50 : 45,4 dans les services, 45,2 tant dans l'industrie et 44,9 pour l'ensemble des secteurs d'activité. Et ce, malgré une relance japonaise historique et une épidémie bien moins dévastatrice que dans de très nombreux autres pays à travers le monde.

En conclusion, que ce soit en France, dans l'ensemble de l'Europe, aux Etats-Unis ou encore au Japon, la débauche de moyens budgétaires et monétaires a bien permis de sortir du marasme, mais n'a toujours pas réussi à engager l'économie sur le chemin d'une croissance soutenue.

Dans ce cadre, la réactivation des risques sanitaires depuis le début juillet pourrait malheureusement susciter une dangereuse rechute de l'activité.

Plus que jamais, la prudence doit donc rester de mise, tant d'un point de vue sanitaire qu'économique.

Aussi, en espérant que nous éviterons le double drame d'une recrudescence de la pandémie et d'un reconfinement général, nous pouvons continuer de tabler sur une reprise progressive à partir du second semestre 2020. De la sorte, l'ensemble des évolutions économiques ci-dessus nous amènent à anticiper une baisse annuelle moyenne du PIB mondial réel (c'est-à-dire hors inflation) de l'ordre de 4,5 % en 2020.

Il s'agira de la plus forte récession planétaire depuis la seconde guerre mondiale. Pour mémoire, rappelons que de 1980 à 2019, la croissance annuelle moyenne du PIB mondial a été de 3,5 %.

De plus, à titre de comparaison, souvenons-nous que la crise de 2009 avait provoqué une baisse annuelle du PIB planétaire de seulement 0,1 %.

Il faut dire qu'à l'époque, de nombreux pays émergents, Chine en tête, ont continué de croître fortement, compensant la récession des pays développés.

Cette année, à l'exception notable de la Chine, tous les pays de la planète connaîtront une forte baisse de leur PIB : - 4,7 % pour les Etats-Unis, - 9,2 % dans la zone euro, - 6,5 % au Japon, - 4 % en Inde et - 8 % pour l'ensemble de l'Amérique latine.

Quant aux pays européens, la facture sera également particulièrement salée : - 7 % pour l'Allemagne et le Royaume-Uni, - 11,2 % pour la France, - 11,8 % pour l'Italie et - 15 % pour l'Espagne.

Et même si un rebond aura forcément lieu en 2021, l'économie mondiale restera malheureusement affaiblie pour longtemps comme nous allons le voir dans les chapitres suivants.

Zone euro : Un rebond technique oui, la croissance forte non.

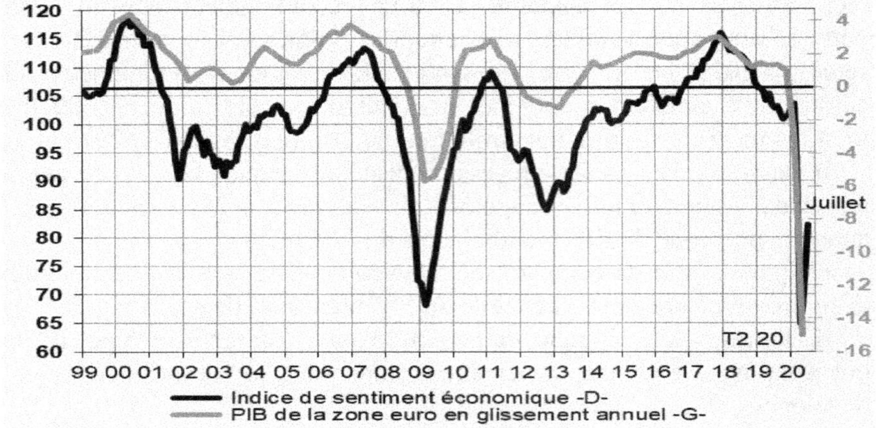

Sources : Eurostat, Commission européenne, ACDEFI

L'économie française est toujours en danger.

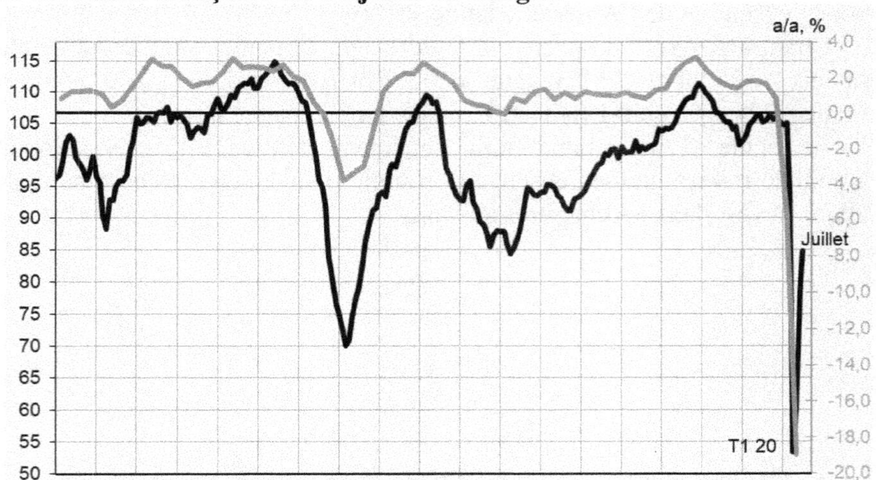

Sources : INSEE, ACDEFI

Les ménages américains restent étonnamment confiants.

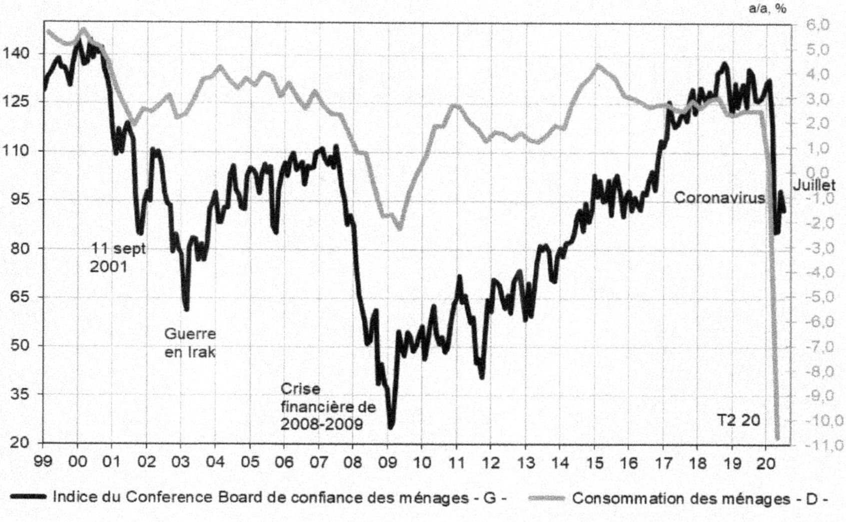

Sources : BEA, Conference Board, ACDEFI

Les pays développés en proie à la récession et au chômage.

	Variation annuelle du PIB réel		Taux de chômage en moyenne annuelle	
	2019	2020	2019	2020
Etats-Unis	**2,2**	***-4,7***	**3,7**	***9,0***
Japon	0,7	*-6,5*	2,4	*4,0*
Zone Euro	**1,3**	***-9,2***	**7,6**	***12,0***
Allemagne	0,5	*-7,0*	3,1	*6,0*
France	**1,5**	***-11,2***	**8,5**	***15,0***
Italie	0,3	*-11,8*	9,9	*16,0*
Espagne	**2,0**	***-15,0***	**14,1**	***20,0***
Royaume-Uni	1,5	*-7,0*	3,7	*8,0*

Sources : Instituts statistiques nationaux, Prévisions ACDEFI

Le PIB mondial devrait chuter de 4,5 % en 2020.

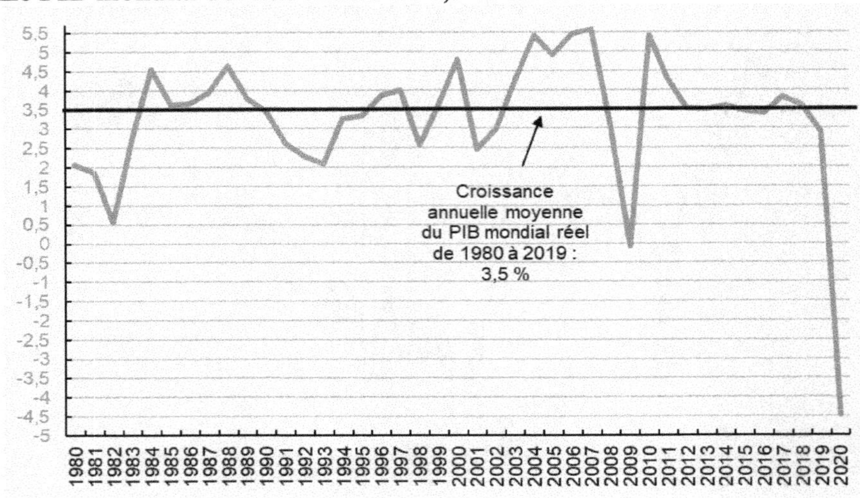

Sources : FMI, Prévisions ACDEFI

En 2020, le PIB s'effondre partout, sauf en Chine.

	Poids en PPA (Parités de Pouvoir d'Achat) en 2019	2019		2020 (p)	
		Progression du PIB	Contribution à la croissance mondiale	Progression du PIB	Contribution à la croissance mondiale
Zone Euro	**11,2**	**1,3**	**0,1**	**-9,2**	**-1,0**
Europe hors UEM	4,8	1,0	0,0	-8,5	-0,4
Etats-Unis	**15,1**	**2,2**	**0,3**	**-4,7**	**-0,7**
Canada	1,3	1,6	0,0	-4,5	-0,1
Japon	**4,0**	**0,7**	**0,0**	**-6,5**	**-0,3**
Amérique Latine	7,3	0,2	0,0	-8,0	-0,6
Chine	**19,3**	**6,2**	**1,2**	**1,3**	**0,2**
Dragons et Tigres	8,4	3,2	0,3	-4,0	-0,3
Inde	**8,1**	**5,1**	**0,4**	**-4,0**	**-0,3**
Russie	3,1	1,0	0,0	-6,0	-0,2
Afrique et Moyen Orient	**9,6**	**2,0**	**0,2**	**-5,0**	**-0,5**
Reste du Monde	7,9	2,0	0,3	-5,0	-0,4
Monde	**100,0**	**2,9**	**-**	**-4,5**	**-**

Sources : FMI, Prévisions ACDEFI

4.
PAS DE RETOUR À LA NORMALE AVANT 2025…

Plus globalement, il faut se rendre à l'évidence : compte tenu de l'ampleur du marasme économique suscité par la pandémie, le retour à une situation économique « normale » prendra du temps. Et ce, pour au moins six raisons. Premièrement, parce que la fin du confinement sera très progressive. Autrement dit, comme nous venons de le voir au travers du caractère mitigé des derniers indicateurs avancés de la conjoncture internationale, la force du rebond sera limitée.

Deuxièmement, même si le confinement se termine définitivement et qu'aucun reconfinement ne se produit (hypothèse très optimiste), de nombreux secteurs d'activité continueront de souffrir fortement et durablement. A commencer, par le tourisme, l'hôtellerie, la restauration, les transports aériens, l'aéronautique, l'automobile, l'évènementiel ou encore le luxe, qui tire 60 % de sa croissance de la Chine.

Troisièmement, dans un tsunami, c'est une fois que la mer se retire que l'on voit l'ampleur des dégâts. Aussi, après le confinement, le nombre d'entreprises en faillite risque d'être considérable. Ce qui aggravera la situation du chômage, qui, cette fois-ci ne sera pas technique mais durable. Un drame qui limitera *de facto* les revenus, donc la consommation et *in fine* la reprise globale.

Quatrièmement, compte tenu de l'envolée des dettes publiques, les taux d'intérêt des obligations d'Etat devraient augmenter significativement, comme cela a d'ailleurs déjà été le cas dans de nombreux pays, et notamment en Italie. Les taux d'intérêt de l'ensemble des crédits devraient évidemment suivre cette tendance, ce qui réduira une fois encore l'ampleur de la reprise.

Cinquièmement, les Etats et les banques centrales ayant déjà utilisé toutes leurs cartouches, d'abord pour alimenter les bulles financières de 2017 à 2019, puis pour essayer d'éteindre l'incendie suscité par la pandémie et le confinement, ils n'auront guère de marge de manœuvre pour relancer massivement la machine par la suite.

Sixièmement, n'oublions pas que plus la chute est importante, plus la remontée est difficile.

Lors de la crise de 2009, il faut par exemple savoir que, malgré une chute limitée de 4 %, le PIB américain n'a retrouvé son niveau du quatrième trimestre 2007 qu'au quatrième trimestre 2010, soit quinze trimestres plus tard.

Au Japon, il a fallu attendre 22 trimestres pour que le PIB retrouve son niveau d'avant-crise.

La situation est encore plus dramatique pour la zone euro, dont le PIB a baissé de 5,7 % lors de la récession de 2008-2009, mais qui n'a retrouvé son niveau de PIB du premier trimestre 2008 qu'au deuxième trimestre 2015, soit une crise de 30 trimestres, avec il est vrai, entre-temps, une deuxième récession.

Que dire alors de la Grèce et de l'Italie ?! Rappelons effectivement qu'à la fin 2019, donc avant même que ne commence la crise du Coronavirus, ces deux pays n'avaient toujours pas retrouvé leur niveau de PIB du début 2008. Au quatrième trimestre 2019, le PIB italien était ainsi 5 % en-deçà de son niveau du premier trimestre 2008. Quant au PIB grec, il était inférieur de 23,4 % à son niveau du deuxième trimestre 2007.

En ce qui concerne le PIB français, dans la mesure où son niveau du quatrième trimestre 2019 n'était que 10,5 % au-dessus de celui de 2008, la chute du premier semestre 2020 a vite effacé cette petite reprise, générant, comme nous l'avons expliqué plus haut, un retour en arrière de dix-huit ans.

En outre, il est clair que le redressement de l'économie hexagonale sera particulièrement lent et chaotique.

En effet, les secteurs phares de cette dernière sont justement ceux qui souffrent le plus de la pandémie et de la récession qui en a découlé, en l'occurrence, rappelons-le : le tourisme, l'hôtellerie, la restauration, l'évènementiel, sans oublier le transport aérien, l'aéronautique, mais aussi le luxe ou encore l'automobile. Et, même si l'on se doit d'être optimiste, un minimum de réalisme nous impose de souligner que, pour l'ensemble de ces secteurs, la crise risque d'être longue.

Il est effectivement inévitable que les consommateurs mettront du temps avant de penser à acheter une nouvelle voiture, des biens de luxe, mais aussi à prendre l'avion ou à séjourner dans un hôtel. De même, avant de réinvestir massivement, les entreprises devront panser leurs plaies et reconstituer une partie de leur trésorerie, ce qui prendra du temps.

Heureusement que les secteurs de l'agro-alimentaire, de l'informatique et des services à la personne seront là pour limiter les dégâts, même s'ils ne pourront évidemment pas permettre le retour de la croissance forte.

Dans ce cadre, même en faisant l'hypothèse optimiste d'un rebond du PIB français de 12 % au second semestre 2020, la variation annuelle moyenne de celui-ci sera bien d'environ - 11,2 % sur l'ensemble de l'année 2020.

Par la suite, en restant toujours très confiant et en supposant que le PIB français connaîtra une croissance annuelle moyenne de 2,5 % à partir de 2021 (contre, ne l'oublions pas, un niveau de 1 % au cours des quinze dernières années), la France ne retrouvera son niveau de PIB de la fin 2019 qu'au troisième trimestre… 2025.

Par rapport à ce scénario central, que je qualifierai tout de même d'optimiste, il est possible d'en établir deux autres. L'un est extrêmement optimiste, puisqu'il suppose que le PIB français rebondirait par miracle de 17 % au deuxième semestre 2020 et croîtrait ensuite de 2,5 % par an. Sachez que, même dans ce cadre idyllique, le PIB français ne retrouverait son niveau d'avant-pandémie qu'au deuxième trimestre 2023.

De l'autre côté du prisme de la confiance, il existe un scénario que je désignerai comme pessimiste, mais que certains appelleront certainement réaliste. En l'occurrence, celui d'un rebond du PIB français de 12 % au second semestre 2020, puis d'une croissance annuelle moyenne de 1,5 %, ce qui serait donc supérieur de 0,5 point à la moyenne des quinze dernières années. Si tel était le cas, le PIB français retrouverait son niveau du quatrième trimestre 2019 au premier trimestre… 2030.

Mais quel que soit le scénario retenu, il faut malheureusement bien comprendre que, compte tenu des dégâts déjà enregistrés et qui ne pourront pas disparaître comme par magie, le taux de chômage augmentera durablement vers des niveaux inconnus d'au moins 15 % d'ici la fin 2021. Pour mémoire, le sommet historique du taux de chômage français a été atteint au deuxième trimestre 1994 à 10,8 %. C'est dire l'ampleur de la crise sociale et sociétale qui nous attend.

Et ce d'autant plus que, dans le même temps, les déficits publics vont également flamber sur des cimes inconnues d'environ 15 % du PIB, ce qui amènera la dette publique vers des pics tout aussi inexplorés d'au moins 125 % du PIB.

Dès lors, en dépit de l'aide de la BCE, qui sera d'ailleurs de moins en moins efficace, les taux d'intérêt des obligations de l'Etat français se tendront fortement, cassant *de facto* la reprise et aggravant mécaniquement le chômage, les déficits et la dette, ce qui alimentera par là même un cercle pernicieux de plus en plus destructeur.

Malheureusement, la France est donc en train de tomber dans un scénario catastrophe a priori irréversible : déjà structurellement affaiblie par une croissance intrinsèquement molle, elle-même liée à un poids exorbitant des impôts et une dépense publique massive et peu efficace, la France a été frappée par une épidémie de coronavirus dramatiquement meurtrière, mais aussi très mal gérée, en particulier d'un point de vue sanitaire.

Tentant de rattraper son retard et sa gestion hasardeuse de la crise par un confinement extrême, elle est alors tombée dans une récession, puis une dépression historique, de laquelle elle sortira péniblement et encore plus affaiblie. De la sorte, elle est désormais menacée par une multiplicité de crises : sociales, politiques, financières et sociétales.

Face à cette « descente aux enfers » de notre beau pays, une question demeure : est-il encore possible d'inverser la vapeur et de sortir par le haut de cette spirale infernale ? Etant de nature optimiste (en dépit de certaines apparences), je dirai que c'est encore faisable si une prise de conscience nationale s'opère et qu'une sorte d'union sacrée s'impose tant au niveau de la classe politique que des partenaires sociaux et de la société française dans son ensemble.

Le problème est que cette dernière est tellement engoncée dans la culture de la « lutte des classes », dans l'absence de patriotisme et dans l'inculture économique que la probabilité d'une telle sortie de crise est particulièrement faible. En d'autres termes, nous risquons désormais de payer des décennies d'erreurs stratégiques et de déni de réalité.

Lors de la crise de 2008-2009, la zone euro a mis 30 trimestres avant de se relever.

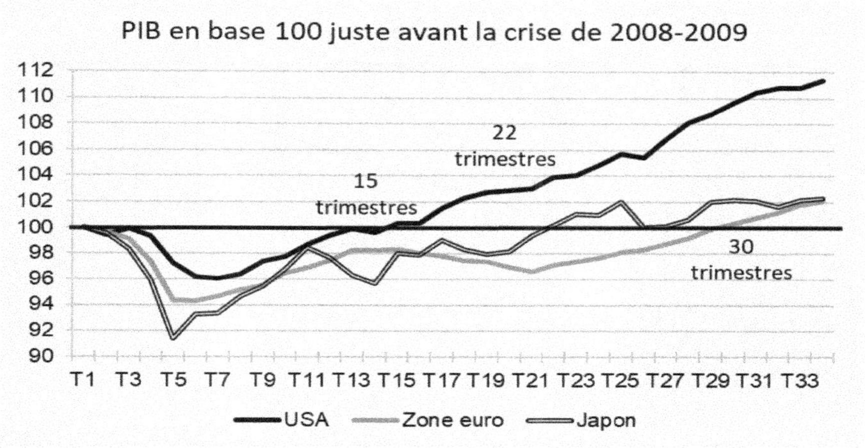

Sources : BEA, Eurostat, BoJ, ACDEFI

Au quatrième trimestre 2019, la crise de 2009 était encore lourde de conséquences pour de nombreux pays de la zone euro.

Niveau du PIB au quatrième trimestre 2019 (donc avant la pandémie) par rapport à son point haut d'avant-crise de 2008 (en %):	
Grèce	-23,4
Italie	-5,0
Finlande	3,8
Portugal	4,7
Espagne	6,7
Zone euro	8,8
France	10,5
Chypre	11,4
Allemagne	13,1
Luxembourg	28,8
Irlande	62,7

Sources : Eurostat, Calculs ACDEFI

Après avoir chuté de 18,9 % au premier semestre 2020, le PIB français ne pourra pas retrouver son niveau de 2019 avant...

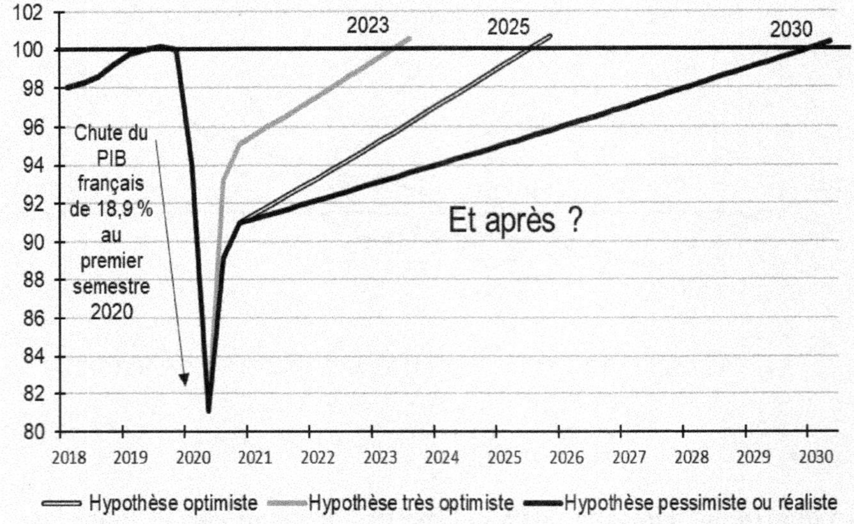

Sources : INSEE, Projections ACDEFI

Pas de retour à la normale avant 2023, 2025, voire 2030...

	Rebond du PIB français au second semestre 2020	Croissance annuelle moyenne du PIB français à partir de 2021	Le PIB français retrouve son niveau du quatrième trimestre 2019 au :
Hypothèse optimiste	12%	2,5%	Troisième trimestre 2025
Hypothèse très optimiste	17%	2,5%	Deuxième trimestre 2023
Hypothèse pessimiste ou réaliste	12%	1,5%	Premier trimestre 2030

Source : ACDEFI

5.
ETATS-UNIS, EUROPE, CHINE : QUI SERA LE GRAND PERDANT DE LA CRISE ?

Les compétitions sportives ont au moins un point commun avec celles qui se jouent sur le front économique : il y a, d'un côté, les résultats potentiels et généralement consensuels « sur le papier » et, de l'autre, les résultats effectifs « du terrain », qui sont bien souvent, très différents des premiers.

Ainsi, même si la pandémie n'est malheureusement pas terminée, la logique voudrait que son pays d'origine, en l'occurrence la Chine, en soit le grand perdant. Et ce, d'autant que l'Empire du milieu a vraisemblablement menti sur quasiment toute la ligne, et notamment sur la dangerosité du virus ou encore le nombre de contaminés et de décès. Comme l'a dénoncé, certainement à juste titre, Reporters Sans Frontière : « Si la presse chinoise était libre, le coronavirus ne serait peut-être pas devenu une pandémie ». En effet, si l'internet chinois n'était pas isolé par un système élaboré de censure électronique et si les médias n'étaient pas contraints de suivre les instructions du Parti communiste, l'épidémie aurait sûrement été circonscrite plus rapidement et aurait été forcément prise beaucoup plus au sérieux à travers le monde.

Bien entendu, nous ne pouvons pas refaire l'histoire et il serait vain de croire en une quelconque théorie du complot. Pour autant, les faits sont là : l'épidémie de Covid-19 s'est répandue au monde à partir de la Chine, dont les normes démocratiques, sanitaires et sociales sont très loin des standards occidentaux.

Le drame est que, pour des raisons bassement mercantiles, la quasi-totalité des pays de la planète ont fait fi de ces carences aussi graves que flagrantes. En fait, jusqu'au mois de février 2020, l'aveuglement collectif international était presque normal : en vertu du fameux « kilomètre sentimental » cher à l'académicien français Jean Dutourd selon lequel seul ce qui est proche compte réellement pour nous, nous étions prêts à oublier collectivement que la Chine était une dictature aux normes sanitaires déplorables, pour peu que les produits « made in China » soient peu onéreux.

Aujourd'hui que le « pot aux roses » est exposé au grand jour et que le monde entier est affecté par la pandémie « made in China », il n'est plus possible de se voiler la face. Dans ce cadre et « sur le papier », la Chine devrait être la grande perdante de la pandémie. En effet, les entreprises et les consommateurs du monde entier devraient désormais refuser de produire dans l'Empire du milieu et/ou d'acheter ses produits, tant que celui-ci ne fait pas son mea culpa et décide de devenir une démocratie, avec une liberté des médias, la fin du communisme et l'instauration d'une transparence sanitaire irréprochable.

Dans la mesure où ces révolutions prendront du temps, un mouvement de relocalisation devrait se produire, réduisant massivement la demande mondiale adressée à la Chine. Or, dans la mesure où cette dernière a surinvesti depuis plus de vingt ans et s'est aussi massivement endettée en espérant que le retour sur investissement serait massif et rapide, un effondrement de la demande de produits chinois se traduirait non seulement par une récession conséquente et durable, mais aussi par une crise financière sévère. N'oublions effectivement pas que les créances douteuses avoisinent les 30 % des crédits dans l'Empire du milieu.

Compte tenu de cette récession chinoise, le reste du monde devrait évidemment souffrir, mais grâce à un mouvement de relocalisation, la croissance reviendrait progressivement, en particulier aux Etats-Unis et en Europe, qui feraient évidemment front pour affaiblir durablement l'hégémonie chinoise.

Malheureusement, ces belles perspectives risquent de demeurer « sur le papier ». Car, « sur le terrain », la situation devrait s'avérer bien différente. Certes, l'économie chinoise va fortement ralentir. Cependant, grâce à 3 090 milliards de dollars de réserves de changes, environ 1 200 milliards de dollars de bons du Trésor américains et au moins autant d'obligations européennes, sans parler de ses participations dans de nombreuses entreprises à travers la planète, la Chine dispose d'un confortable matelas de sécurité. Encore pire, ce dernier pourrait être utilisé pour faire pression sur les Etats-Unis et l'Europe pour qu'ils ne tournent pas le dos aux entreprises et aux produits chinois.

Déjà empêtré dans une dette publique bien plus extravagante que celle de la Chine, le bloc USA-Europe risque alors de très vite déposer les armes. Encore plus grave, un des deux pourraient s'allier avec l'Empire du milieu pour affaiblir le troisième larron.

Et, bien tristement, dans la mesure où l'Union européenne est tout sauf unie, il est fort probable que cette dernière soit, comme d'habitude depuis 25 ans, le « dindon de la farce ». Et ce, d'autant que les Etats-Unis pourront encore disposer du « roi-dollar » (qui, ne l'oublions pas représente toujours 50 % des transactions internationales et 70 % des réserves de changes à travers le globe) et bien sûr de la première puissance militaire mondiale pour imposer leur dictat.

En outre, dans la mesure où l'Italie, la Grèce, voire l'Espagne et la France étaient déjà en situation de quasi-faillite avant le drame du Coronavirus, que vont-ils devenir au cours des prochaines années, avec des dettes publiques de plus de 150 %, voire 200 % du PIB.

A l'évidence, la BCE et les excédents allemands ne pourront pas forcément venir à la rescousse et payer pour les autres. Dans ce cadre, si, déjà bien pâle, la solidarité européenne est encore battue en brèche, la zone euro pourrait soit disparaître, soit, dans le meilleur des cas, rester anémiée pour longtemps.

En conclusion, et comme je le dis souvent : les crises sont toujours des phases d'opportunité, mais aussi des révélateurs des forces et faiblesses. Espérons que, pour une fois, les dirigeants européens et américains sauront faire front commun, en préférant le « gagner ensemble » plutôt que le « perdre tout seul ». Sinon, et aussi fou que cela puisse paraître, c'est la Chine qui risque d'être la grande gagnante de la crise qu'elle a, elle-même, déclenchée.

D'ailleurs, dès le deuxième trimestre 2020, l'économie chinoise a déjà digéré la baisse du trimestre précédent, affichant un PIB officiel supérieur de 0,6 % à celui du quatrième trimestre 2019. Même si les chiffres sont certainement truqués, la capacité de rebond de la Chine demeure impressionnante.

6.
CHINE : LE GRAND BOND EN ARRIÈRE ?

Jusqu'à la fin des années 1990, lorsque les pays développés éternuaient, les pays émergents s'enrhumaient, voire attrapaient la grippe. Depuis les années 2000, c'est exactement le contraire. En 2008-2009, pour la première fois dans l'histoire contemporaine, le monde développé a ainsi sombré dans une grave récession tandis que la sphère émergente a continué de croître.

Il s'agit là d'une véritable révolution : depuis 2008, les pays dits « développés » représentent effectivement moins de 50 % de la richesse annuelle mondiale. Jusqu'au début des années 1990, leur poids dans le PIB planétaire était encore d'environ 64 %. Il est tombé à 46,3 % en 2010 puis à 42 % en 2015-2017, et atteindra 39 % en 2020 selon les estimations du FMI. Les pays développés ne sont plus les locomotives de la croissance mondiale depuis le début des années 2000, et leur contribution ne cesse de s'étioler. Depuis une quinzaine d'années, les pays dits « émergents » réalisent environ 80 % de la croissance internationale. Et pourtant ! En dépit de ces évolutions imparables, les dirigeants des pays dits « riches » n'arrivent toujours pas à conceptualiser la nouvelle donne mondiale.

Ce déni de réalité est d'autant plus dangereux que la puissance économique des pays émergents leur a également conféré un poids financier qui transparaît notamment à travers des réserves de changes pléthoriques, stockées dans leurs banques centrales. Ces pays bénéficient aussi de l'assise colossale de leurs fonds souverains. Ces véritables fonds d'État, qui gèrent des excédents publics, sont généralement le produit de rentes (le pétrole pour les pays du Golfe, par exemple), d'excédents commerciaux (des entreprises publiques chinoises, par exemple) ou encore, très rarement, d'excédents de comptes publics.

Si l'on ajoute les sommes récoltées dans les fonds privés, on obtient environ 6 000 milliards de dollars disponibles pour le seul monde émergent. Loin de subir le diktat des pays développés, les émergents sont en train de devenir les créanciers de leurs « aînés ». Tel est le revers de la médaille de la mondialisation.

Au niveau des entreprises occidentales traditionnelles (c'est-à-dire hors numérique et haute technologie) ou au niveau des États, le besoin de fonds prêtables et/ou d'investisseurs est énorme. Or, qui dispose encore de liquidités aujourd'hui ? Les fonds souverains et les fonds privés du monde émergent. Lorsque l'on voit comment la Grèce et la France ont ouvert la porte, l'une à la Chine, et l'autre au Qatar, on se pose des questions. Évidemment, à court terme, tout le monde est content : les pays en recherche de liquidités (notamment pour financer leurs excès de dette) et les pays en quête de bonnes affaires. Seulement voilà, à moyen terme, ces « échanges » se traduiront forcément par une perte d'indépendance pour les pays débiteurs. Or, dans la gestion des conflits à venir, les Chinois ou les Qataris seront certainement beaucoup moins conciliants que ne l'ont été les Américains ou les Allemands au cours des trente dernières années…

Autrement dit, les pays émergents sont bien devenus les nouveaux « maîtres du monde » économique et financier. A leur tête, un leader sans égal ne cesse de surprendre par son dynamisme et sa résistance : la Chine.

De 1980 à 2019, le PIB chinois réel (c'est-à-dire hors inflation) a progressé de 3 261 %. Sur la même période, l'augmentation du PIB réel atteint 1 007 % en Inde, 280 % pour la planète, 182 % aux Etats-Unis et 99 % en France. C'est dire l'ampleur du « miracle » chinois. Conséquence logique de ce rattrapage détonant, la part de la Chine dans le PIB mondial (mesuré en parités de pouvoir d'achat) est passée de 2,3 % en 1980 à 20 % aujourd'hui. Celle de l'Inde de 2,9 % à 8,1 %, celle des Etats-Unis de 21,7 % à 15,1 % et celle de la France de 4,4 % à 1,9 %.

Mais ce n'est pas tout, puisque, de 1980 à 2019, le PIB par habitant à prix constants a augmenté de 2 280 % en Chine, contre une hausse de 470 % en Inde, 95 % aux Etats-Unis et 65 % en France.

Bien sûr, le PIB par habitant en dollars courants n'est encore que de 10 100 dollars en Chine aujourd'hui, contre 65 100 dollars aux Etats-Unis, 41 700 dollars en France, et 2 170 dollars en Inde.

En termes de PIB par habitant, la Chine est actuellement au 70ème rang mondial, mais elle était 134ème en 1990 (avec 348 dollars annuels par habitant). Sur la même période, notons que la France est passée de la onzième place à la 22ème position…

Autrement dit, si elle est encore loin du niveau de richesse par habitant du monde développé, la Chine est aussi en la matière sur la voie du rattrapage rapide.

Quant à l'argument selon lequel seuls 450 millions de Chinois vivent correctement, c'est-à-dire selon les normes occidentales, laissant ainsi sur le bord de la route plus de 900 millions de personnes, la Chine le balaie d'une main, en soulignant que cela montre le potentiel de croissance qui existe encore dans l'Empire du milieu. Et lorsque l'on sait qu'en 2000, il n'y avait que 100 millions de Chinois qui vivaient correctement, on comprend qu'en Chine tout est possible.

Et, attention, l'Empire du milieu ne souhaite pas s'arrêter en si bon chemin. Loin s'en faut. Ses objectifs sont clairs : augmenter encore fortement et rapidement son niveau de richesse et de PIB/habitant, acquérir de plus en plus de terres rares et de matières premières à travers la planète, reconstituer la « route de la soie » en dominant de plus en plus de ports en Europe (n'oublions pas que la Chine dispose déjà de la moitié de celui du Pirée et d'une bonne partie de celui de Gênes), puis progressivement imposer le yuan comme une devise internationale capable de détrôner à terme le dollar américain. Et ne nous berçons pas d'illusions : lorsqu'elle sera à la tête du monde, la dictature chinoise sera certainement beaucoup moins conciliante que ne l'ont été les Etats-Unis.

Fort heureusement, en attendant d'en arriver là, les Chinois pourraient être rattrapés par une règle naturelle incontournable : les arbres ne montent pas au ciel, quand bien même s'agirait-il de sequoias. Autrement dit, depuis une dizaine d'années, les Chinois savent qu'une crise financière et une crise de croissance sont inévitables. A fortiori aujourd'hui avec la pandémie.

De plus, si la dette de l'Etat chinois n'est que d'environ 20 % du PIB, celle des gouvernements locaux dépasse les 40 %. Quant à la dette privée, celle des ménages atteint 55 % du PIB et celle des entreprises environ 165 %. Soit une dette totale de 280 % du PIB. Un niveau équivalent à ce qui s'observe aux Etats-Unis (280 %), en France (260 %) et dans la zone euro (250 %). Du moins avant l'envolée de la crise du Covid19.

En outre, 95 % de la dette chinoise est détenue par des Chinois, ce qui rend mécaniquement la Chine moins dépendante du reste du monde. Cependant, l'étendue des créances douteuses inquiète de plus en plus. Certes, selon la commission de régulation des banques chinoises, celles-ci ne représenteraient que moins de 2 % du total. Néanmoins, selon le FMI, elles pourraient dépasser les 20 % de l'ensemble des crédits aux entreprises. Là aussi avant les dégâts causés par le Covid19 qui vont bien sûr alourdir la facture.

On comprend dès lors pourquoi, avant même le drame de la pandémie la Chine est structurellement menacée par une multitude de catastrophes : crise démographique et/ou démocratique et/ou une explosion de la bulle des crédits à la sphère privée.

Dès lors, la crise du coronavirus a pu apparaître comme le déclencheur d'un effondrement durable de l'économie chinoise.

Tout semblait d'ailleurs aller dans ce sens lorsqu'au premier trimestre 2020, le PIB chinois a plongé de 9,8 %. Du jamais vu depuis la fin de l'ère maoïste. En un trimestre, son glissement annuel est ainsi passé de de + 6 % à - 5,7 %.

Mais c'était sans compter l'incroyable résilience de nos « amis » Chinois, qui, décidément nous surprendront toujours. Ainsi, même si les chiffres sont certainement truqués, le Bureau National de la Statistique Chinoise a annoncé que le PIB de l'Empire du milieu a bondi de 11,5 % au deuxième trimestre 2020.

Grâce à ce rebond, attendu mais surprenant par son ampleur, le PIB chinois aurait donc déjà effacé la crise du Covid19, puisqu'il se situe 0,6 % au-dessus de son niveau du quatrième trimestre 2019. Son glissement annuel remonte même à 3,5 %.

Dans ce cadre, si le rythme de progression trimestrielle revient vers un niveau plus normal de 1,5 % au cours des deux derniers trimestres de 2020, la variation annuelle moyenne du PIB chinois sur l'ensemble de l'année 2020 sera positive, à + 1,3 %.

Cela restera évidemment bien inférieur aux performances des années récentes, qui ont par exemple été de 6,2 % en 2019 et de 7,4 % en moyenne au cours de la dernière décennie.

Au demeurant, compte tenu de l'ampleur de la crise sanitaire, ce « petit » 1,3 % constituera un résultat très honorable. D'autant que, grâce à lui, la Chine devrait être l'un des rares pays de la planète à afficher une variation positive de son PIB sur l'ensemble de l'année 2020.

Bien entendu, il s'agira là des chiffres officiels, mais comme nous n'en aurons pas d'autres, il faudra bien s'en contenter.

En attendant, il faut noter que la production industrielle a également continué son processus de rattrapage, son glissement annuel passant d'un plancher de - 13,5 % en février dernier à + 4,4 % en mai et + 4,8 % en juin.

Du côté des ventes au détail, donc de la consommation, si l'heure est aussi au redressement, leur glissement annuel demeure néanmoins négatif, à - 1,8 % en juin, après - 2,8 % en mai et un plancher de - 20,5 % en février 2020.

Du côté du commerce extérieur, l'amélioration est également très progressive, mais significative. Sur douze mois, l'excédent commercial chinois avoisine ainsi les 465 milliards de dollars à la mi-2020, retrouvant par là-même ses niveaux de 2017.

Face à cette amélioration incroyable par sa rapidité et par son ampleur, et même s'il est sûr qu'elle est en partie exagérée par les autorités chinoises, une question s'impose : Comment la Chine fait-elle pour résister aussi bien dans les tempêtes et en particulier dans celle que nous sommes en train de vivre ?

La réponse est cruellement simple : à la différence des Occidentaux et notamment des Européens, les Chinois ont une vision de long terme et considèrent définitivement les crises comme des passages obligés, qui deviennent par là même des opportunités.

Ainsi, conformément à leur sens aigu de l'anticipation, ils ont confectionné plusieurs armes économiques et financières déterminantes contre les crises, que j'ai coutume d'appeler « airbags ».

On en distingue au moins cinq. Les deux premiers résident dans une épargne et un investissement très élevés. Ces deux moteurs économiques représentent respectivement 50 % et 47 % du PIB chinois. Le troisième est relatif à la faiblesse de l'endettement de l'Etat qui avoisine les 20 % du PIB. Autrement dit, en cas de coup dur, Pékin pourra actionner sans difficulté l'arme du déficit public.

Mais, surtout, les Chinois peuvent également compter sur deux autres airbags extrêmement puissants. En l'occurrence, un taux de change manipulable à l'envi et des réserves de changes pléthoriques. Celles-ci avaient même atteint un sommet de 4 056 milliards de dollars à l'été 2014.

Depuis ce pic et surtout face à la crise boursière du printemps-été 2015, les autorités chinoises ont puisé plus de 1 000 milliards de dollars dans leurs réserves de changes pour stopper l'hémorragie. Voilà pourquoi leur ralentissement a été modéré en 2015-2016, alors que d'autres pays émergents ont souffert davantage, tel le Brésil par exemple. Depuis le début 2017, en dépit de quelques soubresauts passagers, ces réserves sont reparties à la hausse, atteignant actuellement 3 090 milliards de dollars, soit près de 400 milliards de plus que le PIB français de 2019...

Ces réserves colossales confèrent donc à la Chine une marge de manœuvre considérable et pourrait même lui permettre de continuer de souffrir un peu moins que les autres grandes économies de la planète, qui n'ont malheureusement quasiment plus de cartouches pour relancer leur économie après la crise.

De plus, pour éviter tout nouveau danger, et notamment pour enrayer une éventuelle rechute de l'activité, les Chinois ne se sont pas arrêtés là. Depuis le printemps 2014, puis en août 2015 et bien entendu en 2019 avec les craintes de ralentissement mondial ou encore en 2020 avec la pandémie, ils activent régulièrement l'arme du taux de change.

De 6,10 yuans pour un dollar en 2014, celui-ci a reculé autour des 7 yuans début 2017, tombant même vers les 7,20 au printemps 2019 et au début 2020. Rappelons-nous que jusqu'en 2005, il fallait 8,3 yuans pour 1 dollar. La dépréciation récente du renminbi n'est donc pas exagérée. Pour autant, comparativement à une parité de pouvoir d'achat de 3,5 yuans pour 1 dollar, la devise chinoise reste largement sous-évaluée.

Le pire est que les Chinois n'ont pas fondamentalement besoin d'une telle sous-évaluation dans la mesure où 70 % de leurs exportations sont des produits à contenu technologique. Néanmoins, Pékin veut simplement montrer au monde qu'il fera tout pour soutenir sa croissance et qu'il ne se laissera rien imposer de l'extérieur. Autrement dit, en plus de sa puissance économique, financière et militaire, la Chine veut affirmer une véritable puissance politique.

Plus fondamentalement, le pilotage du yuan par les Chinois confirme qu'à l'instar des Américains depuis 1971, ils ont désormais décidé d'utiliser massivement l'arme du taux de change pour soutenir leur économie, au détriment du reste du monde. La dévaluation du yuan est cependant dangereuse. Car si elle a permis d'améliorer la croissance chinoise, elle a aussi mécaniquement cassé celle de nombreux pays à travers la planète. De plus, elle marque le début d'une guerre des devises qui mettra à mal la stabilité économique et financière internationale. Ne l'oublions pas : une devise sous-évaluée est bien plus efficace que des barrières douanières.

D'ailleurs c'est grâce à cette devise de combat que la Chine a pu facilement redorer le blason de ses exportations dès le printemps 2020, en dépit de la récession mondiale.

Pour inverser la tendance, il faudrait qu'un mouvement de boycott international des produits chinois s'opère au cours des prochains trimestres. Dans ce cadre, il est clair que la dépréciation du yuan ne servira pas à grand-chose. Pire, elle ne fera qu'aggraver l'inflation et peser à la baisse sur la consommation et l'activité globale de l'Empire du milieu.

En attendant, force est de constater qu'officiellement, la Chine ne déplore que 4 634 morts du Covid19 (sur 1,4 milliard d'habitants, c'est évidemment très peu…) et a déjà digéré la crise économique qui n'a finalement duré qu'un trimestre et ne peut donc pas être qualifiée de récession.

C'est là un autre drame de cette pandémie : elle vient de Chine, mais c'est cette dernière qui pourrait en pâtir le moins. Sauf si, encore une fois, une prise de conscience internationale s'impose pour boycotter l'Empire du milieu, tant que ce dernier ne respectera pas un minimum de règles démocratiques et sanitaires.

Il faut arrêter la politique de l'autruche : la Chine ne veut plus se contenter d'être le leader du monde émergent, elle veut aussi dominer l'ensemble de la planète, tant d'un point de vue économique que financier ou encore politique et militaire.

La balle est donc bien dans notre camp, reste à savoir si nous aurons enfin le courage de faire barrage à l'hégémonie chinoise.

A suivre…

La Chine plie mais ne rompt pas…

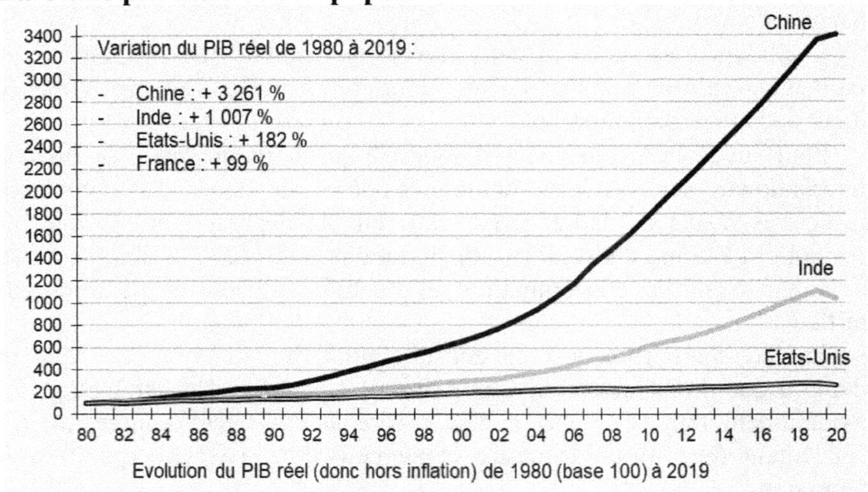

Sources : FMI, ACDEFI

Chine : la reprise en V existe...

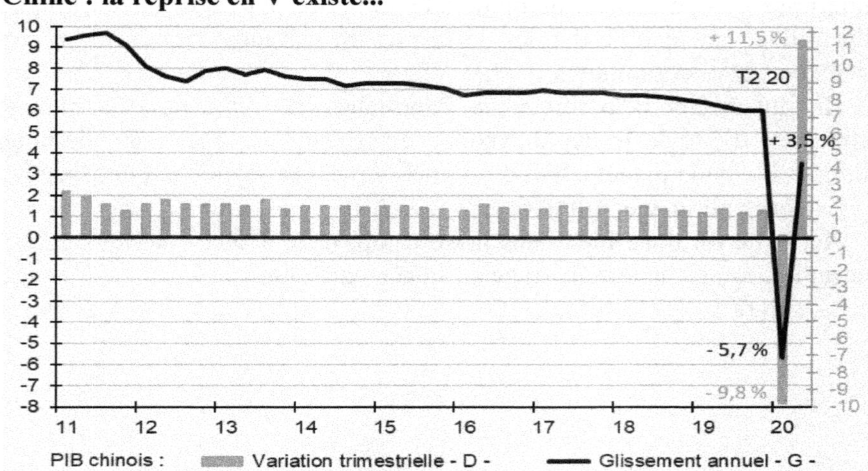

Sources : NBSC, ACDEFI

La faiblesse du yuan soutient la croissance chinoise.

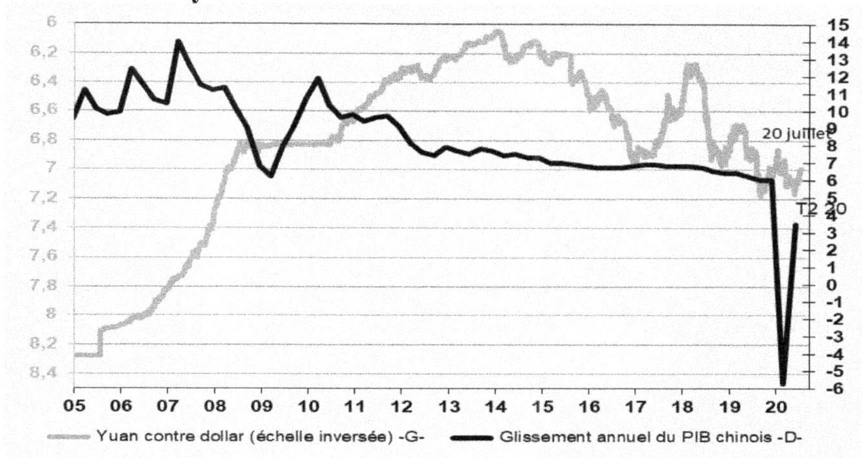

Sources : NBSC, ACDEFI

L'arme des réserves de changes.

Réserves de change de la Chine (hors Hong-Kong et Macao)		
Mois	Montant en Mds de $	Remarques
Avril 2020	3 091	Les réserves de changes ont bien résisté pendant la crise et repartent même à la hausse
Mars 2020	3 060	
Février 2018	3 162	
Janvier 2017	2 998	Au plus bas
Mars 2016	3 305	Utilisation pour freiner la crise de 2015 et relancer la croissance
Juin 2015	3 771	
Juin 2014	4 056	Au plus haut
Mars 2011	3 000	Montée en flèche
Mars 2007	1 080	

Source : ACDEFI

7.
LES PAYS ÉMERGENTS EN DANGER.

Si les yeux de la planète restent rivés sur l'économie chinoise, cette dernière finira certainement, comme nous venons de la voir, par résister tant bien que mal à la tempête.

En revanche, il n'en sera pas de même des autres pays émergents qui disposent malheureusement de moyens économiques et financiers bien moins conséquents que ceux de la Chine et des pays développés.

Dès lors, contrairement à la crise de 2009 qui n'avait pas suscité de trop forte récession dans le monde émergent, celle de 2020 devrait être beaucoup plus destructrice pour ce dernier.

En effet, dans leur très grande majorité, les pays émergents ne disposent pas de système sanitaire développé et encore moins de couverture médicale et sociale suffisante.

Autrement dit, au contraire de ce qui s'observe dans les pays occidentaux et en particulier en France, les matelas de sécurité et les stabilisateurs automatiques n'existent pas dans le monde émergent. Aussi, lors d'une baisse de l'activité mondiale comme celle que nous connaissons avec la pandémie de Covid19, les pays émergents subissent la récession mondiale avec une acuité dramatique.

Encore plus grave, ils entrent dans un cercle pernicieux effroyable : chute de l'activité mondiale, écroulement des commandes en provenance du reste du monde, assèchement des financements internationaux, effondrement de l'investissement, flambée du chômage, recul marqué des revenus et de la consommation des ménages, appauvrissement global de l'ensemble de la société, malnutrition, aggravation de la crise sanitaire...

La situation qui s'observe depuis quelques mois en Inde, en Asie du Sud-Est et en Amérique Latine confirme que ce triste scénario est déjà en marche.

Sur l'ensemble de l'année 2020, le PIB devrait ainsi chuter de 4 % en Inde, de 7 % au Brésil et de 8 % pour l'Amérique latine dans son ensemble.

Après avoir gravi progressivement et difficilement les échelons du développement, les pays émergents risquent donc de repartir en arrière.

A la rigueur, ayant pu bénéficier de trois décennies de croissance forte, des pays tels que l'Inde, les Dragons (Singapour, Taïwan, Hong-Kong, Corée du Sud) et les Tigres (Indonésie, Thaïlande, Malaisie, Philippines) d'Asie ou encore le Brésil et l'Argentine pourront certainement « sauver les meubles ».

En revanche, la situation sera bien plus compliquée pour les pays qui ne sont encore qu'aux portes du développement, en particulier ceux du continent africain. Le drame est que l'Afrique constitue justement le continent où le potentiel de croissance est le plus fort, car non encore exploité.

Malheureusement, il risque de le rester encore longtemps. En effet, même si elle a pour le moment et heureusement causé peu de morts sur le continent africain (du moins officiellement), la pandémie ne manquera pas d'affecter drastiquement l'économie de ce dernier et nuira *de facto* à la stabilité politique et sociétale. Or, sans cette dernière, la croissance ne peut pas prendre son envol, empêchant par-là même la pauvreté de reculer massivement et durablement.

En 2019, donc avant la pandémie et selon les calculs du FMI, le PIB de toute l'Afrique n'était d'ailleurs que d'environ 2 400 milliards de dollars. Et seuls six pays africains (sur un total de 55) dépassaient les 100 milliards de dollars de PIB : le Nigéria, l'Afrique du Sud, l'Egypte, l'Algérie, le Maroc et l'Angola. A titre de comparaison, le PIB italien dépasse les 2 000 milliards de dollars (2 700 milliards de dollars pour le PIB français) et seuls sept pays de la zone euro affichent des PIB inférieurs à 100 milliards de dollars (Malte, Chypre, l'Estonie, la Lettonie, la Lituanie, la Slovénie et le Luxembourg).

De même, les PIB par habitant restent particulièrement faibles, avec un niveau annuel d'environ 2 500 dollars pour l'ensemble de l'Afrique en 2018, un plus haut de 15 600 dollars pour les Seychelles et un plus bas de 228 dollars pour le Sud-Soudan, qui constitue également le plus faible PIB par habitant de la planète. Pire, sur les trente pays les plus pauvres du monde (selon ce critère de PIB par habitant), vingt-cinq sont africains.

A titre d'information et juste pour se rendre compte de l'écart qui sépare les pays africains de ceux du reste du monde, il faut savoir que le PIB par habitant est d'environ 41 700 dollars en France, 65 100 aux Etats-

Unis et 113 200 au Luxembourg (estimations du FMI pour 2019). Rassurez-vous, je ne suis pas devenu altermondialiste du jour au lendemain, mais ces écarts rappellent simplement que les pays africains disposent d'un retard mais aussi d'une marge de rattrapage considérable.

Ce chemin vers la croissance a déjà été emprunté par la grande majorité des pays d'Asie, par ceux d'Amérique Latine, sans oublier l'Europe qui, il y a encore une cinquantaine d'années, comportait également pas mal de pays en voie de développement. Cette accession à la réussite économique ne sera possible que si les pays africains mettent en œuvre une plus grande stabilité politique, des Etats de droit, et s'ils favorisent la transparence de leurs systèmes économiques et financiers. Si tel est le cas, comme cela se produit d'ores et déjà dans certains pays africains, la mondialisation portera ses fruits.

Mais si la pandémie stoppe les échanges internationaux, les économies et les sociétés africaines seront fragilisées. De même, les transferts de capitaux et de technologies seront freinés. Si bien que le « grand bond économique en avant » qui attend l'Afrique sera encore et malheureusement compromis.

N'oublions d'ailleurs pas que, sans cette pandémie et en dépit d'un niveau potentiel d'environ 6 %, la croissance effective du continent africain est tombée vers les 3 % de 2016 à 2019. C'est dire combien l'Afrique, et l'ensemble du monde émergent avec, vont pâtir du Covid19. Dans le meilleur des cas, le PIB du continent africain devrait chuter de 4 % en 2020.

Peut-être qu'alors les donneurs de leçons et les élites bien pensantes comprendront que la mondialisation est loin d'être le mal absolu…

L'inde et le Brésil face à un drame économique et humanitaire.

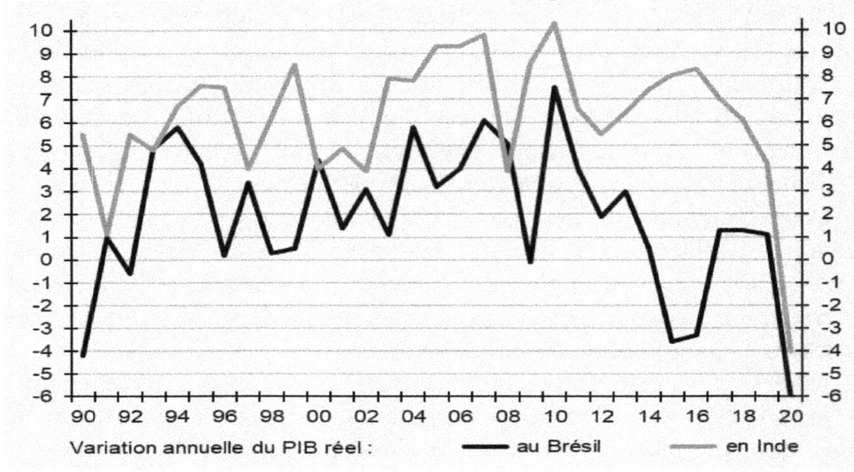

Sources : FMI, Prévisions ACDEFI

L'Afrique en grand danger.

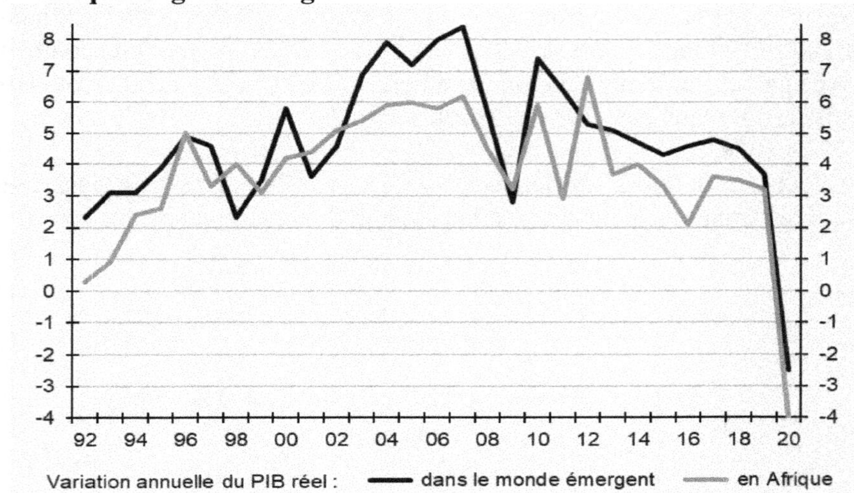

Sources : FMI, Prévisions ACDEFI

EPISODE II :

LE NOUVEAU MONDE SERA-T-IL MEILLEUR QUE L'ANCIEN ?

8.
VERS LA FIN DE LA MONDIALISATION ?

La crise sanitaire et la récession mondiale qui en a découlé sont encore malheureusement loin d'être terminées, mais la recherche des coupables, ou plutôt des boucs émissaires, a déjà commencé. Qu'ils soient investisseurs, opérateurs de marchés, chefs d'entreprise qui délocalisent ou tout simplement participants à la mondialisation, la vindicte populaire a déjà tranché : ce sont eux les coupables ! Coupables de la crise, du chômage, de la désindustrialisation de la France, du réchauffement climatique, et pourquoi pas, tant qu'on y est, de la bêtise humaine. Car, il faut reconnaître qu'ils ont bon dos tous ces acteurs économiques. On ne sait pas vraiment qui ils sont, ni ce qu'ils font et cela tombe bien, ils constituent des coupables parfaits, qu'il faut donc punir sévèrement, de manière à assouvir les instincts revanchards de la population.

A la rigueur, si cette stigmatisation était uniquement véhiculée par des partisans altermondialistes ou néo-marxistes (ce qui revient d'ailleurs souvent au même), on pourrait comprendre ou du moins imaginer comment de telles idées aussi simplistes que dangereuses peuvent germer dans de tels esprits. Mais malheureusement, ces différentes théories du complot du « capitalisme mondialiste » et de la « finance internationale » sont aussi diffusées et formulées par des personnes et des institutions honorables et ce, jusqu'aux instances dirigeantes de certains pays occidentaux.

Bien entendu, il ne faut pas se voiler la face : peut-être que si toutes les frontières étaient complètement fermées, le Covid-19 aurait circulé moins facilement. Et encore ! Car n'oublions pas que la grippe espagnole de 1918-1919 a causé de 25 à 50 millions de morts à travers le globe alors qu'à l'époque les frontières étaient justement très hermétiques. De quoi rappeler qu'un virus n'a pas de passeport et ne connaît aucune barrière, a fortiori douanière…

De même, il faut reconnaître que la spéculation existe et permet à certains de s'enrichir. Pareillement, les délocalisations et les fermetures de sites sont des réalités forcément coûteuses en emplois et aggravant parfois la pauvreté et l'instabilité sociale. Pour autant, n'est-il pas trop facile de laisser imaginer que de méchants spéculateurs ou de véreux chefs d'entreprises pourraient décider à eux seuls de détruire un pays ou de répandre la misère ? En effet, la spéculation et les délocalisations ne tombent pas du ciel. Elles ne sont finalement que les conséquences des erreurs des dirigeants des différents pays qui font aujourd'hui l'objet de ces mouvements défavorables.

Ainsi, avancer que les chefs d'entreprise français qui ont développé leurs activités à l'étranger sont les coupables de la désindustrialisation de la France équivaudrait à soutenir que les vendeurs de voitures sont responsables des accidents de la circulation. En effet, si les voitures n'existaient pas, il n'y aurait pas d'accident sur les routes. De la même façon, s'il n'y avait pas de marchés financiers, il n'y aurait pas de spéculateurs et si les frontières étaient hermétiques, les entreprises ne pourraient pas délocaliser. Seulement voilà, à l'instar de la suppression de la voiture, fermer les marchés et les frontières reviendrait à plonger le monde cent ans en arrière. Avec toutes les restrictions en termes de croissance, d'emploi et de revenus que cela entraînerait.

Car, ne l'oublions jamais : en 1980, avant le véritable essor de la mondialisation, les pays émergents, qu'on appelait à l'époque les PVD (les pays en voie de développement) ne représentaient que 36 % du PIB mondial (en parités de pouvoir d'achat). Aujourd'hui, cette part atteint 61 %.

De même, en 1980, 50 % de la population mondiale vivait sous le seuil de la pauvreté extrême, c'est-à-dire avec moins de 1 dollar par jour. Aujourd'hui, alors que ce seuil est passé à 1,9 dollar, seule 8,5 % de la population planétaire vit en-deçà (selon la Banque mondiale), dont 90 % en Afrique. Bien entendu, c'est encore beaucoup trop, mais il est clair que sans la mondialisation, et les transferts de richesses et de technologies qu'elle a permis, la pauvreté n'aurait pas autant reculé.

Dès lors, si les échanges internationaux s'arrêtent, la pauvreté repartira forcément à la hausse et les pays qui n'ont pas encore réussi à en sortir resteront dans la misère. C'est à cela qu'aboutira la démondialisation qui fait pourtant de plus en plus d'adeptes. D'ailleurs, la Banque mondiale a annoncé que devant l'ampleur du choc économique suscité par la pandémie, entre 40 à 60 millions de personnes (re)basculeront dans l'extrême pauvreté en 2020.

Arrêtons-donc de nous mentir : sans libre-échange, les pays s'appauvrissent et, dans la mesure où ils ne sont pas auto-suffisants, ils se remettent à faire des guerres d'expansion et des pillages. En d'autres termes, à l'image de la décroissance, la suppression du libre-échange n'a aucun sens économique, si ce n'est le désordre social et sociétal.

Mais au-delà des non-sens que de telles situations engendreraient, il faut aussi bien comprendre que ce n'est pas la mondialisation qui a engendré, à elle seule, le chômage en France et en Europe, ni les entreprises françaises qui ont favorisé la désindustrialisation de l'Hexagone. Ces mouvements ne sont que des conséquences logiques des erreurs accumulées au cours des années 1990 et 2000 par les dirigeants politiques européens et français.

Avancer que la désindustrialisation de la France est uniquement due à la cupidité de certains chefs d'entreprise est tout aussi fallacieux. En effet, au-delà du fait qu'ils correspondent à une nécessité de diversification des risques et de recherche de nouvelles terres de croissance à travers le monde, les investissements des entreprises françaises à l'étranger ont aussi été favorisés par les nombreuses erreurs de la politique économique hexagonale : augmentation de la pression fiscale, exacerbation des rigidités réglementaires, notamment sur le marché du travail, 35 heures, mauvaise adéquation des formations scolaires et universitaires avec les besoins des entreprises, mauvais choix stratégiques en matière de Recherche & Développement…

Autant d'évolutions qui ont immanquablement entraîné la France sur le chemin de la fuite de ses entreprises industrielles. A la rigueur, si ce mouvement n'avait concerné que les industries anciennes, la « destruction créatrice » liée au dynamisme des industries nouvelles aurait pu fonctionner. Mais là aussi, de par les rigidités évoquées à l'instant, la fuite de nos entreprises concerne également les industries de pointe et même certains services. Et si celles-ci quittent la France, ce n'est pas parce qu'elles ne l'aiment pas, mais c'est parce qu'elles n'ont plus le choix.

Faire du colmatage de brèches comme cela est pratiqué depuis plus de trente ans ne servira à rien. La France a besoin d'une rupture qui cassera toutes nos rigidités et permettra à la croissance française de redémarrer durablement par elle-même, c'est-à-dire sans perfusion publique excessive.

D'ailleurs, il faut garder en tête que, dans de très nombreux pays, le nombre d'emplois perdus à cause des délocalisations est largement inférieur aux nouveaux emplois créés par la mondialisation (recrutement dans des sociétés exportatrices, expatriation dans des filiales étrangères de sociétés nationales), même s'il est vrai que ce différentiel tend à diminuer en période de crise.

Bien entendu, la mondialisation est loin d'être parfaite. Elle a par exemple créé des situations de « concurrence déloyale ».

On peut citer, à titre d'illustration, l'absence de protection sociale dans les pays émergents (normes de sécurité insuffisantes, salaires dérisoires, non-syndicalisation…), aggravée par un cadre réglementaire souvent archaïque ; l'interventionnisme des Etats, à travers des dispositifs de subventions ou des financements discriminatoires ; sans oublier un certain « dumping » fiscal.

La tentation serait de vouloir y répondre à travers des mesures protectionnistes (application de droits de douanes dérogatoires, lutte contre les délocalisations, campagne en faveur de l'achat des produits « nationaux »…). Avec le risque, très réel, de voir apparaître des règlementations équivalentes dans les autres pays et donc progressivement, des surenchères dans l'établissement de barrières protectionnistes et des politiques de représailles.

Il est certainement plus constructif d'introduire des barrières non-tarifaires, en particulier en matière de normes sanitaires ou encore de conditionner les relations commerciales au respect de certaines règles démocratiques de base, telles que la liberté d'expression et des élections libres.

Ensuite, il sera aussi possible de laisser jouer les mécanismes de rééquilibrage automatique, via le processus de rattrapage social des pays émergents. Ainsi, il est clair qu'à moyen terme, la Chine, compte-tenu de l'augmentation de son niveau de vie, va voir ses coûts de production exploser, tout en étant obligée de financer des mesures anti-pollution, d'améliorer les normes de qualité et de construire un véritable système de protection sociale. Cela prendra du temps, mais le « Reset » provoqué par la pandémie accélérera forcément ces mouvements. Les pays occidentaux doivent absolument y veiller.

Autrement dit, oui, la mondialisation doit être repensée, mieux encadrée et certainement freinée pour éviter les excès passés. Dans ce cadre, elle sera améliorée, moins débridée, avec des règles plus claires et généralisées à l'ensemble des pays de la planète. Et ce, en particulier en matière sanitaire, fiscale, mais aussi démocratique.

Pour y parvenir, l'heure n'est certainement pas à la recherche de boucs-émissaires et à la vindicte. Il faut au contraire garder son calme, regarder la réalité en face et sauver le système. Car si nous ne le faisons pas au plus vite, les conséquences en termes d'activité économique, de chômage et de pauvreté seront catastrophiques.

De 1980 à 2019, le volume du commerce mondial a été multiplié par 7, tandis que le volume du PIB mondial a été multiplié par 3,5. C'est dire combien la croissance mondiale a besoin du développement des échanges internationaux.

Si, comme nous venons le voir, ces derniers sont excessivement freinés à la suite du « Corona-Reset », il est clair que le rythme de progression du PIB mondial en sera structurellement affaibli.

Et ce, d'autant que les principales locomotives de la croissance mondiale vont, elles aussi connaître une phase de ralentissement durable. Dans ce cadre, alors qu'elle a été de 3,5 % en moyenne de 1980 à 2019, la croissance du PIB mondial hors inflation risque de descendre de manière structurelle vers les 2 %. Et même si certaines relocalisations de sites de production vers les pays dits « développés » permettront de limiter les dégâts, il ne faut pas se leurrer : ce mouvement prendra du temps et ne permettra pas de compenser l'impact négatif de la baisse du commerce mondial et du ralentissement durable des pays émergents.

9.
QUID DE LA RELOCALISATION ?

Ce sera certainement l'un des grands enjeux de l'après-crise : comment devenir moins dépendant du reste du monde en relocalisant une partie de notre production sur le territoire national ?

En effet, après avoir trop compté sur certains pays pour nous approvisionner et notamment sur la Chine, qui est devenue « l'Usine du monde », les pays développés, et en particulier la France, doivent créer les conditions nécessaires pour se réindustrialiser et retrouver une certaine indépendance économique et productive.

Comment peut-on par exemple accepter que 90 % de la pénicilline dans le monde soit fabriquée en Chine, 60 % pour le paracétamol et 50 % pour l'ibuprofène ?

Au-delà du manque d'emplois que cela engendre dans les autres pays, cette ultra-dépendance risque également de créer des situations de pénuries, comme l'arrêt de l'économie chinoise au premier trimestre 2020 l'a d'ailleurs montré.

Le monde est ainsi tombé dans une exacerbation de la « théorie des avantages comparatifs » élaborée par David Ricardo au début du dix-neuvième siècle. Selon cette théorie, un pays a intérêt à développer la production des biens dans lesquels il est comparativement le plus efficace. L'auteur prend un exemple bien connu à l'époque : le Portugal va se spécialiser dans la fabrication du Porto et la Grande-Bretagne dans celle des draps et vêtements en laine. Ils vont alors s'échanger ces produits, bien que la production soit moins onéreuse pour ces deux types de biens au Portugal. Néanmoins, dans la mesure où c'est le Porto dans lequel le Portugal a le plus grand avantage comparatif, ce pays renoncera à manufacturer des tissus en laine, même si le coût de production y est moins élevé qu'au Royaume-Uni. Et ce, tout simplement car il est plus intéressant de se spécialiser dans les biens pour lesquels on est le plus efficace.

Seulement voilà, comme souvent, il existe un écart notable entre la théorie et la pratique. L'excès de spécialisation revient effectivement à créer des situations de « sur-dépendance » et par là même de perte d'autonomie économique.

Autre exemple, particulièrement à la mode depuis le développement des voitures électriques, la Chine est le premier producteur mondial de batteries au lithium. Les grands fabricants chinois CATL et BYD, ainsi que le japonais Panasonic et les sud-coréens LG Chem et Samsung SDI réalisent plus de 70 % de la production mondiale de cellules de batteries pour l'automobile.

Pour ne rien arranger, le premier producteur de cobalt (matière première indispensable à la confection de ces batteries) au monde, en l'occurrence le Congo, réserve 80 % de ses exportations du précieux minerai à... la Chine. Parallèlement, les groupes chinois Ganfeng et Tianqi contrôlent pour leur part 17 % et 12 % des capacités mondiales de production et de traitement de lithium.

Et les exemples de sur-domination de la Chine dans l'industrie mondiale sont pléthore.

Face à ce triste état des lieux, il pourrait être tentant de baisser les bras et c'est ce qui a failli se produire avant que ne survienne la pandémie de Covid-19.

De quoi rappeler une fois encore qu'à toute chose malheur est bon. En effet, ce drame sanitaire a suscité une prise de conscience internationale sur la nécessité de devenir moins dépendant de la Chine et, ce faisant, de relocaliser une partie des productions perdues au cours des dernières décennies.

Si l'idée est évidemment bonne, elle ne doit cependant pas rester un slogan marketing. De même, imaginer que l'instauration de droits de douanes suffira à déclencher ces mouvements de relocalisation serait particulièrement erroné.

En France en particulier, où le cauchemar d'une économie sans usine a été érigé en dogme stratégique catastrophique par l'élite dirigeante pendant des décennies, le chemin sera long et semé d'embûches.

Le jeu en vaut néanmoins la chandelle. Selon une étude menée conjointement par le cabinet de conseil PwC et le Conseil national des achats (CNA), publiée le 9 juillet 2020, la France pourrait ainsi relocaliser

115 milliards d'euros d'achats stratégiques qui sont actuellement importés et donc produits à l'étranger.

Ces 115 milliards d'euros englobent 58 catégories de produits appartenant à cinq secteurs : la santé/pharmaceutique (le plus important), l'agroalimentaire, l'électronique et les industries de transformation des matières premières et d'emballage. Seulement à eux cinq, ces domaines représentaient 70 % des importations françaises en 2018.

Parmi les produits phares, on retrouve notamment les cellules de batteries lithium, les composants électroniques, les semi-conducteurs, les produits d'injection plastique et, bien sûr, les produits pharmaceutiques (qui représentent à eux seuls 26 milliards d'euros d'importations chaque année).

L'impact de ces relocalisations sur l'emploi serait évidemment conséquent. En relocalisant uniquement 20 % de ces 115 milliards d'euros d'achats stratégiques, la France pourrait ainsi créer plus de 75 000 emplois directs et 220 000 emplois indirects. Si 100 % de ces achats étaient relocalisés, on dénombrerait 375 000 emplois directs.

Mais, attention, ce n'est pas en claquant des doigts et en demandant aux Français de consommer « Made in France » que les relocalisations vont devenir réalité.

En effet, si les consommateurs ou les entreprises achètent des produits à l'étranger c'est avant tout parce qu'ils sont moins chers et le plus souvent à qualité égale.

Or, il ne faut pas se voiler la face : faire revenir certaines industries en France ne sera pas sans conséquence sur le prix de revient des produits manufacturés et donc sur leur prix de vente. Le coût du travail en France est effectivement sans commune mesure avec celui des pays émergents. Et ce n'est pas demain la veille que cela changera.

Dans un contexte de faiblesse du pouvoir d'achat des ménages, il est donc très probable que l'achat patriotique se heurtera souvent à la barrière du prix.

Dès lors, si de très nombreuses entreprises réduisaient leurs achats en provenance de Chine, elles pourraient néanmoins être tentées de relocaliser leurs importations et/ou leurs productions vers des pays d'Europe de l'Est, toujours bien plus compétitifs que l'Hexagone.

C'est pourquoi, ce mouvement nécessaire de relocalisation devra être accompagné par une politique pro-active en faveur des entreprises françaises qui restent sur le territoire national.

D'abord, il faudrait permettre à celles-ci d'être plus solides, notamment en augmentant leurs fonds propres. Pour ce faire, il serait par exemple opportun de réduire les impôts de production qui pèsent sur le chiffre d'affaires et non pas les bénéfices, notamment la cotisation sur la valeur ajoutée des entreprises (CVAE), ainsi que supprimer la contribution sociale de solidarité des sociétés (C3S). La baisse de 20 milliards sur ce type d'impôts annoncée par le gouvernent Castex va évidemment dans le bon sens, même si de nouveaux efforts de réduction devront être réalisés au cours des prochaines années.

Pour aller encore plus loin, il serait également opportun, comme le demande d'ailleurs l'organisation professionnelle « France Industrie » de créer un « fonds de reconstruction » qui ferait appel à de l'argent public et privé. Un dispositif de suramortissement ciblé sur les investissements verts et numériques pourrait être instauré, tout comme la possibilité de maintenir une certaine flexibilité vis-à-vis des aides d'Etat au niveau européen, pour aider certaines entreprises ou secteurs.

Enfin, les projets de réindustrialisations et de relocalisations en France devraient être exonérés d'impôts locaux pendant 5 à 10 ans. En tout, cela représenterait un effort de la part de la puissance publique de l'ordre de 25 milliards d'euros.

En d'autres termes, les relocalisations ne pourront se produire que si l'industrie française devient plus compétitive.

Et ne l'oublions jamais si, au cours des vingt dernières années, la France est entrée dans une phase de désindustrialisation massive c'est notamment à cause d'un coût du travail trop élevé. De 1990 à 2019 (donc avant la pandémie), l'industrie nationale a ainsi détruit 1,5 million d'emplois nets, soit une baisse de 31,4 %.

Certes et fort heureusement, les services ont réussi à compenser en partie ces destructions d'emplois. Mais le mal est là : la France souffre bien d'un problème de compétitivité. Cela ne signifie pas qu'il faille baisser fortement les salaires et engager l'économie française dans une déflation dévastatrice. Il faut pourtant réagir. Car si nous attendons que les coûts salariaux et les marchés du travail des pays émergents ressemblent au nôtre, nous risquons de nous impatienter. Avant que les Chinois passent aux 35 heures, il y a de la marge !

Un ajustement à la baisse du coût du travail et une réduction des rigidités réglementaires qui pèsent sur le marché de l'emploi s'imposent donc. C'est à ce prix-là que nos entreprises pourront retrouver le chemin de la croissance forte et produire davantage sur le territoire national.

D'ailleurs, au risque d'en surprendre certains, je tiens à affirmer haut et fort que les entreprises françaises ne sont pas sous-compétitives. Et pour cause : en dépit d'une pression fiscal prohibitive, d'une rigidité réglementaire draconienne (notamment sur le marché du travail) et d'une croissance économique hexagonale de 1 % par an depuis quinze ans, elles réussissent à investir, innover, embaucher et même faire des profits.

En fait, nos entreprises nationales sont même plus compétitives que leurs homologues allemandes ou américaines. En effet, que ce soit en Allemagne ou aux États-Unis, les pouvoirs publics font tout depuis des années pour favoriser les entreprises et l'initiative privées : réduction des charges, diminution de l'impôt sur les sociétés, fluidification du marché du travail, favorisation du développement à l'export…

Bien loin de ces stratégies de bon sens, l'État français n'a cessé d'augmenter les contraintes, ainsi que les coûts fiscaux et réglementaires qui pèsent sur les entreprises hexagonales. Autrement dit, il suffirait que ces obstacles soient abaissés pour que nos entreprises fassent des étincelles. Ce ne sont donc pas elles qui manquent de compétitivité mais l'économie française.

Si les biens manufacturés allemands se vendent globalement mieux que les français, ce n'est pas parce qu'ils sont moins chers, mais parce qu'ils sont de meilleure qualité et/ou de haute technologie et/ou innovants et/ou disposant d'une meilleure image. Voilà la bonne compétitivité.

Dans ce cadre, il serait une erreur de cantonner les relocalisations aux anciens secteurs d'activité. En effet, la clé de réussite de l'après-crise réside dans la capacité de la France et de ses entreprises à devenir leaders dans les technologies et les industries du futur.

Certes, il serait presque possible de dire que la France n'est pas aussi mauvaise élève qu'on pourrait le penser au regard de son ratio R&D/PIB. En effet, ce dernier est stable depuis vingt ans à 2 %, contre 2,8 % aux États-Unis. La différence n'est donc que de 0,8 point. Pour autant, 0,8 point par an pendant vingt ans, cela s'appelle tout simplement un retard technologique. Que dire alors du fossé qui s'est creusé avec la Suisse (ratio R&D/PIB de 3 %) ou encore avec la Chine, dont la R&D dépasse les 2 % du PIB depuis une dizaine d'années (2,3 % actuellement) et qui, en valeur absolue, est devenue la deuxième plus forte R&D du monde derrière celle de l'oncle Sam.

Que les Chinois nous copient, c'est à la rigueur surmontable. S'ils innovent plus vite que nous, cela devient dramatique. C'est pourquoi l'innovation doit être un processus permanent, comme à bicyclette, si on s'arrête de pédaler on tombe ! Il faut donc toujours garder un temps d'avance.

De plus, l'innovation ne concerne pas seulement la high-tech, elle doit également s'appliquer à tous les stades des processus de production. L'innovation doit faire partie de la culture d'entreprise à tous les niveaux.

Face à ces décalages devenus structurels, il pourrait être tentant d'augmenter encore les financements publics de la R&D. Soyez rassurés, nos têtes pensantes françaises l'ont déjà fait. Si bien que, depuis quinze ans, 40 % des dépenses de R&D de la France sont publiques, soit un des niveaux les plus élevés du monde. L'augmenter encore aurait donc peu d'effets. Pour une raison simple : il n'y a pas assez de ponts entre la recherche fondamentale et la recherche appliquée des entreprises.

Nous retrouvons ici la fameuse « boutade » du général de Gaulle (« des chercheurs qui cherchent on en trouve, des chercheurs qui trouvent, on en cherche ») et, plus fondamentalement, la faible efficacité de la dépense publique française.

L'échec des « pôles de compétitivité » est symptomatique de la mauvaise exploitation de la recherche. À l'origine, l'idée est excellente. Mais, pour ne faire de peine à personne (notamment à certains départements), on a voulu en créer trop, ce qui s'est traduit par des pôles trop petits. La recherche a au contraire besoin de gros centres en lien direct avec les entreprises. On comprend aisément que tant de chercheurs français partent aux États-Unis : ils y sont trois fois mieux payés, leur recherche est valorisée, ils publient plus facilement et profitent très tôt des ponts établis avec le monde de la production.

En plus d'alléger le principe de précaution, il est également indispensable d'améliorer la recherche appliquée et de mieux orienter les financements publics, en faisant notamment abstraction des contingences politiciennes qui sont souvent à l'origine du déblocage des fonds publics et du choix de leur destination.

Si cette réforme est menée à bien, il sera alors possible de lancer un grand emprunt « Innovation » uniquement en faveur des révolutions technologiques qui sont en train de se mettre en place devant nos yeux (Nouvelles Technologies de l'Agroalimentaire, Nouvelles Technologies de l'Energie, nanotechnologies, santé, hydrogène...) et que, pour le moment, nous laissons passer.

La création de fonds de pension permettrait également de soutenir le financement de l'innovation grâce à la mobilisation d'une épargne de long terme.

Parallèlement, il faudra aussi permettre aux entreprises françaises d'investir massivement dans la R&D grâce à une suppression de la fiscalité sur les profits utilisés en ce sens.

En outre, pour permettre à nos entreprises de relocaliser et de se développer dans les nouveaux secteurs de la croissance de demain, il est indispensable d'améliorer les compétences des travailleurs français. Cela doit notamment passer par un plan de soutien à la formation et aux transitions professionnelles, avec certainement une implication plus forte des régions.

De la sorte, tant les entreprises que la main-d'œuvre seront plus compétitives et réussiront à passer tous les stades de la « destruction créatrice » qui accompagne forcément toute révolution technologique.

En outre, pour transformer définitivement l'essai, il faudra imposer des barrières non-tarifaires aux produits étrangers, avec notamment des normes sanitaires, sociales et démocratiques sans faille.

Si nous parvenons à réaliser tous ces chantiers, alors la relocalisation ne restera pas un effet de mode ou un produit marketing, mais deviendra une réalité, à même de renforcer durablement l'économie et l'emploi français.

10.
DOIT-ON CRAINDRE LE RETOUR DE LA FORTE INFLATION ?

Si, comme nous venons le voir, les avantages économiques des relocalisations apparaissent indubitables pour les pays développés, une question s'impose néanmoins : ce rapatriement de certaines industries des pays à bas coûts vers des pays plus « coûteux » ne risque-t-il pas de susciter une forte augmentation de l'inflation ? Et ce, d'autant que les « planches à billets » excessives des banques centrales à travers le monde finiront forcément par susciter des poussées inflationnistes.

Certains monétaristes invétérés (eh oui, ça existe encore !) n'ont d'ailleurs pas tardé à annoncer le retour de l'hyperinflation. Soyons sérieux : même si l'inflation va logiquement augmenter au cours des prochaines années, les risques d'avènement d'une forte inflation et a fortiori à deux chiffres, sont extrêmement faibles, voire inexistants. Et ce, pour au moins six raisons, qui montrent que les moteurs habituels de l'inflation sont durablement soit à l'arrêt, soit au ralenti.

Premièrement, si l'inflation augmente au cours des prochains mois, ce sera principalement par le biais d'un effet de correction de la faiblesse passée et via l'augmentation prévisible des cours des matières premières, du moins si nous sortons de la crise sanitaire et de la récession en 2021.

Deuxièmement, en dépit d'une inévitable augmentation liée à l'amélioration progressive de la croissance mondiale, les prix des matières premières ne devraient pas flamber comme en 2007-2008. En effet, en 2007, après avoir déjà atteint 5,5 % l'année précédente, la croissance mondiale était de 5,7 %. Or, après être tombée à - 4,5 % en 2020, la variation annuelle du PIB mondial devrait avoisiner les 3,5 % en 2021 et se stabiliser ensuite autour d'un niveau structurel de l'ordre de 2 %.

De plus, pour ne parler que du pétrole, n'oublions pas que l'offre mondiale « d'or noir » reste et restera encore pour longtemps supérieure à la demande, réduisant par là même les risques de pénuries à venir.

Autrement dit, si un baril à 60 dollars paraît justifié pour 2021, un baril durablement supérieur à 80 dollars semble exclu.

Troisièmement, compte tenu du caractère modéré de la croissance mondiale pour les années à venir, l'inflation par la demande restera contenue. Et ce d'autant que les risques politiques et géopolitiques qui pèsent sur la sphère économico-financière internationale empêcheront toute euphorie.

Quatrièmement, cette croissance modérée ne permettra aucunement de tendre les taux d'utilisation des capacités de production sur des niveaux élevés. Autrement dit, de nombreux mois, voire de nombreuses années, s'écouleront encore avant que les capacités de production soient utilisées à plein, empêchant ainsi tout risque de flambée des coûts de production, donc, *in fine*, de l'inflation.

Cinquièmement, dans le prolongement de la faiblesse des tensions exercées sur l'appareil productif, le chômage demeurera élevé dans de nombreuses parties du globe, en particulier en Europe. Autant dire que la flambée des salaires qui pourrait être un prélude à une forte hausse des prix n'est ni pour demain, ni pour après-demain. Et même aux Etats-Unis, où le plein-emploi pourrait revenir dès 2022, la progression des salaires est et demeurera modérée.

Sixièmement, rappelons-nous que même si la croissance est plus vigoureuse que prévu (ce qui reste malheureusement peu probable, en particulier en Europe), le fort degré de concurrence internationale empêchera les entreprises d'augmenter leurs prix de façon excessive. Et même si les coûts de production progressent et progresseront encore à cause des relocalisations, les marges de gains de productivité et de réduction de coûts resteront encore très élevées à travers la planète.

Au total, le risque d'hyperinflation et même d'une inflation nettement et durablement supérieure à 3 % apparaît hautement contenu.

Il est donc urgent de calmer les ardeurs des monétaristes. Il s'agit d'ailleurs là d'un des principaux risques des années 2021-2022. Car si, par excès d'orthodoxie, la BCE et la Fed « s'amusent » à resserrer trop rapidement et/ou trop fortement leur politique monétaire, la petite et fragile reprise des pays occidentaux risque de partir en fumée. En particulier dans la zone euro, qui demeurera toujours fragilisée par un taux de chômage élevé et une instabilité politique grandissante.

Plus fondamentalement, il ne faut pas oublier l'essentiel : un peu d'inflation n'a jamais tué personne. Bien au contraire, une inflation comprise entre 2 et 3 % est normale en phase de reprise et peut même dynamiser la consommation, donc la croissance, puis l'emploi.

En effet, elle permet aux entreprises de mieux répercuter l'augmentation des coûts sur les prix de vente, donc de maintenir un niveau appréciable de leurs marges et des salaires qu'elles distribuent. De plus, un peu d'inflation incite les ménages à ne pas différer leurs achats mais, au contraire, à dépenser au plus vite. Une dynamique de la demande s'installe alors, créant plus d'emplois, donc plus de revenus et plus de consommation.

Le retour d'une inflation entre 2 % et 3 % (contre, rappelons-le, moins de 1 % actuellement) n'est donc pas dangereux mais, au contraire, souhaitable. Il confirmera d'ailleurs que la crise et les risques de déflation sont bien derrière nous. Et ne l'oublions pas : mieux vaut une inflation à 2 %, avec une croissance à 2,5 %, qu'une inflation de 0 %, avec un PIB en baisse de 2 %...

Autrement dit, il ne sert à rien de lutter contre une hyperinflation imaginaire, tant que la croissance économique structurelle reste faible.

Et ce d'autant que, contrairement aux apparences, l'inflation n'a pas vraiment disparu. Elle a été simplement transférée de la sphère économique à la sphère financière. En d'autres termes, ce n'est pas l'augmentation des prix à la consommation qui est dangereuse. A la rigueur, elle est même trop faible. Le vrai danger réside dans la flambée des prix des actions, des obligations ou encore de l'immobilier. Autant de bulles tenaces qui appellent une correction.

C'est en cela que nous risquons de payer encore longtemps les politiques économiques de 2010-2019. Elles ont certes permis de sortir de l'ornière, mais ont, « en même temps », alimenté des bulles financières, tout en étant incapables d'améliorer le niveau de croissance structurelle des économies occidentales.

L'inflation reste des plus faibles.

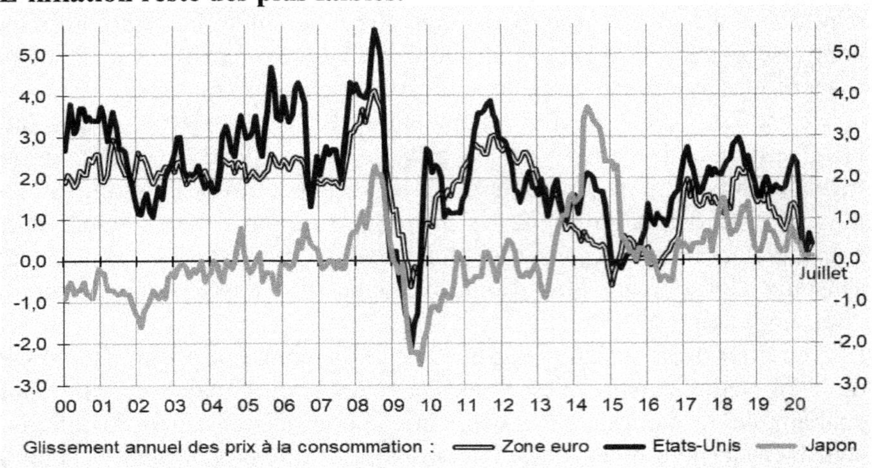

Sources : Eurostat, BLS, BoJ, ACDEFI

La France et l'Allemagne toujours menacées par la déflation.

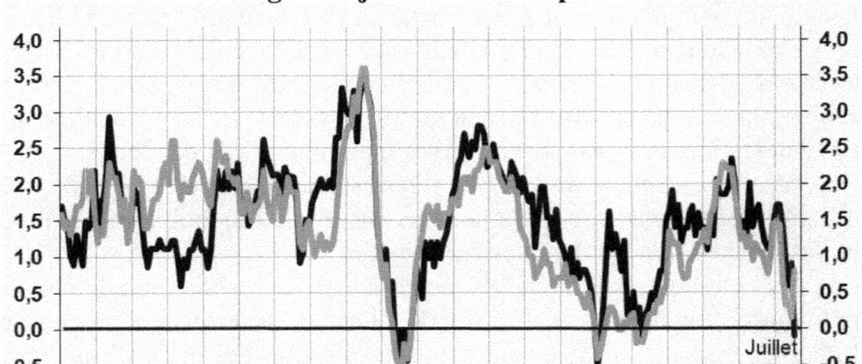

Sources : Destatis, INSEE, ACDEFI

11.
LA DÉCROISSANCE NON ! LA CROISSANCE ÉCOLOGIQUE OUI !

Des animaux sauvages se baladant tranquillement dans des villes désertées, une réduction exceptionnelle des émissions de gaz à effet de serre, un globe terrestre métamorphosé par la baisse de la pollution… Les images et les vidéos du retour en force de la « nature » pendant le confinement de la planète ont fait le tour du monde et ont évidemment marqué les esprits. D'aucuns ont alors appelé à la poursuite de ce mouvement et à la suprématie de l'écologie.

Seulement voilà, derrière la beauté des images, digne du monde des Bisounours, la dure réalité a vite repris le dessus et a rappelé que ce confinement mondial a aussi engendré la plus forte récession internationale depuis la seconde guerre mondiale et ses corollaires, en l'occurrence, une flambée du chômage, une augmentation de la pauvreté et une exacerbation des tensions sociales au sens large.

Ces tristes évolutions nous ont ainsi montré qu'au-delà d'un succès marketing indéniable, « l'écologie à tout prix » est loin d'être la panacée. En effet, derrière cette « noble cause » peuvent aussi se cacher des sous-entendus très pernicieux voire dangereux, à commencer par la théorie de la décroissance. Ainsi, la « Green Economy » constitue à la fois une chance pour l'avenir de la planète, mais aussi un danger dont il est pour le moment difficile de parler, tant les esprits restent enchantés par la vision d'un « monde vert ».

Pour mieux comprendre cette problématique, il faut remonter à une question qui n'a cessé de faire réfléchir les économistes depuis des siècles et encore plus aujourd'hui, à savoir : comment faire de la croissance infinie dans un monde fini ? En effet, dans la mesure où la terre est ronde et où nous vivons dans un monde à l'horizon spatiotemporel limité, la croissance infinie ou durable ne peut *a priori* pas exister. Cette dernière ne serait donc qu'une illusion qui devient une bulle et qui finit forcément par exploser. Dans ce cadre, la seule solution possible semble résider dans ce que l'on appelle la décroissance. Celle-ci signifie simplement qu'après avoir trop crû (le verbe croire pourrait aussi convenir), nous devons désormais décroître pour éviter l'éclatement de la bulle et *in fine* sauver la planète.

Si cette théorie apparaît donc à la fois indispensable et séduisante, elle pèche néanmoins par au moins deux voies, qui viennent d'ailleurs d'être confirmées empiriquement par la pandémie de Covid-19. D'une part, si, pour des pays riches, il est, à la rigueur, possible de concevoir la décroissance, cette dernière est clairement dramatique et inégalitaire pour les pays en développement, qui n'auraient donc pas le droit de croître et de rattraper leurs « grands frères » de l'Occident. Sous couvert d'égalitarisme, la théorie de la décroissance et son alliée, celle de la « démondialisation », ne reviendraient donc finalement qu'à maintenir, voire aggraver, l'écart qui sépare les pays riches des moins riches.

N'oublions pas qu'il y a trente ans, les pays émergents qu'on appelait à l'époque les PVD (les pays en voie de développement) ne réalisaient qu'environ 10 à 15 % de la croissance mondiale. Depuis 2002, grâce à la mondialisation des années 1990 et aux transferts de technologies et de capitaux qu'elle a permis, les pays émergents sont devenus les locomotives de la croissance mondiale. Depuis 2009, ils réalisent chaque année près de 80 % de la croissance mondiale.

D'autre part, le deuxième travers de la décroissance s'applique tant pour les pays émergents que pour le monde dit « développé ». Il s'agit du fait que sans croissance, il n'y a pas d'emploi. Et sans emploi, les revenus reculent et la grogne sociale monte. L'exemple de la flambée du chômage qui a frappé la totalité des pays développés au lendemain de la crise de 2009 montre combien la décroissance peut coûter cher. Or, en 2009, le PIB mondial n'a reculé que de 0,1 %. En 2020, il devrait s'effondrer d'environ 4,5 % en moyenne annuelle (mais avec des trimestres à - 10 %). C'est dire le marasme social qui nous attend… Autrement dit, si la révolution verte doit passer par la décroissance, le chômage et la crise sociale, il y a clairement un problème de durabilité et tout simplement de faisabilité. D'ailleurs, n'oublions pas que dans l'expression « développement durable », il y a « développement ».

Comme le monde vient d'en faire tristement l'expérience, la décroissance n'est pas donc pas la solution, comme certains voudraient nous le faire croire. Bien au contraire. Pour autant, le dilemme de la croissance infinie dans un monde fini reste entier et appelle une réponse efficace.

En fait, le seul moyen de générer une croissance infinie ou durable dans un monde fini passe tout simplement par l'optimisation de l'existant, principalement au travers du progrès technologique. Ainsi, comme cela s'observe depuis le XVIIème siècle, le développement économique repose sur des cycles de long terme qui naissent avec les révolutions technologiques.

Le processus est toujours le même : la révolution technologique génère une forte hausse des investissements dans ces nouveaux secteurs, qui, à son tour, entraîne une croissance vigoureuse et de fortes créations d'emplois, notamment via le processus de « destruction créatrice », qui consiste à supprimer des emplois dans les anciens secteurs d'activité pour en créer beaucoup plus dans les nouveaux. Ensuite, une phase de maturité s'installe au travers d'un mouvement de fertilisation de la révolution technologique à l'ensemble de l'économie. Malheureusement, cette phase est directement suivie de la formation d'une bulle spéculative, liée au fait qu'il reste très difficile de valoriser financièrement les nouvelles « success story ». La bulle finit alors par éclater, entraînant une phase de récession qui prendra fin avec la révolution technologique suivante.

Ainsi, si la dernière révolution a été celle des NTIC (Nouvelles Technologies de l'Information et de la Communication), nous avons la chance de voir s'ouvrir devant nous une multitude de révolutions technologiques : tout d'abord, celles du numérique et de la robotique, mais aussi les NTA (Nouvelles technologies de l'agroalimentaire), les nanotechnologies, la santé, et bien sûr les NTE, les Nouvelles Technologies de l'Energie et leur corollaire, la « green economy ».

Mais attention, cette dernière ne consiste absolument pas à se contenter de créer des nouvelles taxes pour se donner bonne conscience. Car si tel est le cas, la « green economy » instaurera une nouvelle phase de décroissance, avec tous les dangers qu'elle suscitera. Non, cette révolution verte doit au contraire se traduire par une augmentation de l'innovation et des dépenses de Recherche & Développement à bon escient, c'est-à-dire avec des conséquences concrètes en termes de créations de richesses et d'emplois.

C'est dans ce cadre que s'inscrivent les Etats-Unis depuis plus de 20 ans, mais aussi la Chine qui est dernièrement devenue le pays qui investit le plus en R&D dans les énergies renouvelables. Quant à l'Europe et à la France, si elles étaient leaders dans les NTE dans les années 1980, elles ont largement perdu cette avance au profit d'une augmentation des dépenses publiques principalement utilisées pour colmater les brèches d'une société en mal de renouveau et pour entretenir le train de vie d'Etats beaucoup trop coûteux et donc trop soucieux, pour que rien ne change, d'augmenter les impôts.

La médaille de la « green economy » a donc bien deux faces : l'une restrictive et contre-productive de la décroissance et l'autre innovante, donc créatrice de richesses et d'emplois, de l'investissement efficace et de l'innovation. Espérons que, pour une fois, les Français et les Européens sauront choisir la bonne…

12.
La fin du roi pétrole…

Avec des taux d'intérêt négatifs pour des obligations d'Etats surendettés, on croyait avoir vu le pire. Eh bien non, la pandémie de Covid19 a engendré une anomalie encore plus baroque, en l'occurrence un cours négatif pour une matière première. Et pas n'importe laquelle puisqu'il s'agit de ce que l'on n'a cessé d'appeler depuis des décennies « l'or noir », indiquant par là même que le pétrole était au moins aussi précieux que le métal jaune. Le 20 avril 2020, le cours à terme du baril américain WTI est ainsi tombé à - 40 dollars. Une fois encore, les évidences et les raisonnements traditionnels ont donc été battus en brèche.

Dire que quelques mois auparavant, les « spécialistes » du pétrole annonçaient que le cours du baril devait rapidement revenir vers les 100 dollars. C'étaient d'ailleurs souvent les mêmes qui annonçaient en juillet 2008 que le monde était voué à connaître une pénurie durable « d'or noir ». Selon eux, le baril à 150 dollars de l'époque était donc normal et les 200 dollars imminents. Six mois plus tard, il valait 34 dollars !

Que ce soit en 2008, avec une bulle extravagante, ou en 2015 et en 2020 avec des bulles à l'envers tout aussi déconcertantes, l'exubérance irrationnelle a eu raison du bon sens.

De mon côté, en toute humilité, j'ai constamment rappelé qu'en dehors de phases spéculatives inévitables, les cours des matières premières, comme ceux des marchés boursiers et obligataires d'ailleurs, doivent régulièrement se reconnecter à la réalité économique. C'est notamment ce qui m'a permis d'annoncer, lorsque le baril valait 150 dollars en juillet 2008, que ce niveau de prix n'avait aucun sens et qu'il allait fortement chuter les mois suivants. De même, c'est par le biais de cette corrélation que j'ai pu annoncer depuis 2010, que, grâce à une croissance mondiale stabilisée entre 3 % et 3,5 % et à l'accroissement de la production énergétique mondiale, l'augmentation du prix du baril serait modérée, amenant ce dernier autour d'un prix d'équilibre d'environ 70 dollars.

Enfin, pour aller au bout de la transparence, dans mon livre « La fin d'un monde » (Editons Hugo&Doc paru en septembre 2016), j'ai écrit page 59 « que, sauf en cas de guerre nucléaire ou de pandémie planétaire, la demande mondiale de produits énergétiques et plus globalement de matières premières va continuer de croître significativement dans les prochaines années. Dès lors, dans la mesure où celles-ci sont physiquement limitées, il est inévitable que leurs prix continueront de progresser ».

Et malheureusement, nous sommes tombés dans le deuxième cas extrême que nous n'osions imaginer et qui, *de facto*, plonge le monde dans une telle incertitude que tous les mécanismes classiques n'ont plus lieu d'être, du moins à court terme.

Car, ne jetons pas le bébé avec l'eau du bain, lorsque la pandémie sera sinon terminée, du moins sous contrôle, les exagérations récentes seront progressivement corrigées. D'ores et déjà, il faut noter qu'en dépit d'une faiblesse durable, les cours du pétrole sont revenus vers les 40 dollars le baril depuis la fin mai 2020.

De plus, il ne faut pas oublier qu'à part pour les pays producteurs d'or noir, la baisse des cours du baril est globalement une bonne nouvelle. En effet, les principaux vecteurs de transmission des variations des prix du pétrole sur l'économie mondiale sont au nombre de trois. Primo, lorsque ces derniers baissent, le pouvoir d'achat des ménages est amélioré, permettant à ces derniers de consommer davantage. Secundo, les coûts de production des entreprises sont réduits, assurant à ces dernières une meilleure rentabilité, les incitant par là même à investir et à embaucher davantage. Tertio, compte tenu de ces deux premiers avantages, l'horizon global s'améliore, alimentant un cercle vertueux revenu-consommation-investissement-emploi.

A ces trois points économiques positifs, il est possible d'en ajouter un quatrième, en l'occurrence la diminution des ressources financières de certains pays ennemis de la démocratie, qui n'hésitent pas à utiliser leurs recettes pétrolières pour financer le terrorisme et/ou tenter de nuire à la stabilité économico-politique internationale.

En fait, il n'existe qu'un seul effet pervers à la baisse des cours pétroliers. A savoir, la moindre appétence pour développer des énergies alternatives à l'or noir. Car ces dernières étant plus onéreuses, elles ne sont rentables que si le prix du pétrole avoisine ou dépasse les 70 dollars.

Dans ce cadre, la remontée future des prix pétroliers sera une bonne nouvelle. Non seulement parce qu'elle signifiera que la croissance mondiale est de retour, notamment grâce à la fin de la pandémie (espérons-le au plus vite), mais aussi, parce qu'elle permettra de relancer l'activité des énergies non-fossiles.

Ne l'oublions jamais : le véritable moyen de freiner l'augmentation excessive des cours des matières premières réside principalement dans la capacité à innover et à engager le monde dans une double révolution technologique : celle des NTE (Nouvelles Technologies de l'Energie) et celle des NTA (Nouvelles Technologies de l'Agro-alimentaire).

Cette double mutation permettra tout d'abord de relancer la croissance mondiale après la « Coronarécession », mais aussi d'optimiser les ressources naturelles et d'accompagner le développement de la planète en réduisant les risques de pénuries. Ensuite, elle assurera une période durable de croissance soutenue, créatrice d'emplois et de revenus. Enfin, elle se traduira aussi par une réduction des tensions sociales et par un monde moins belliqueux.

Alors, vive la baisse des cours du baril (jusqu'à un certain point bien entendu), vive la fin du roi pétrole et vivement l'avènement d'une économie mondiale plus forte et moins dépendante de l'or noir.

Le pétrole, inévitable grand perdant des récessions.

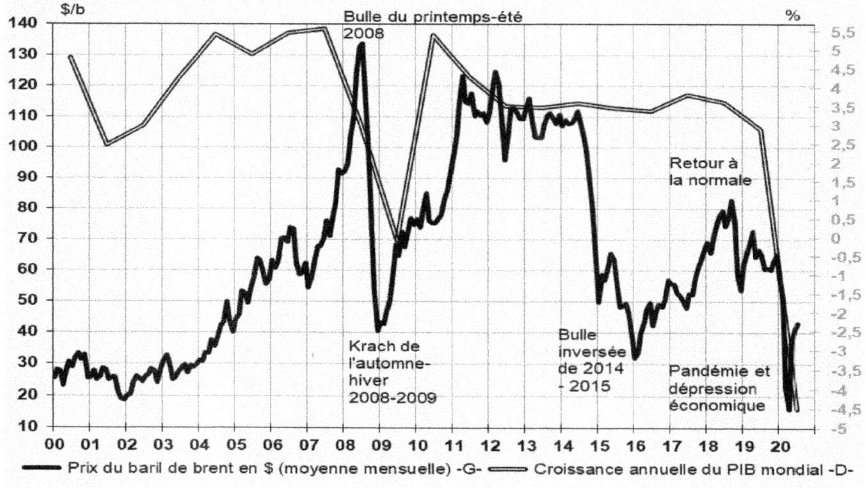

Sources : FMI, ACDEFI

13.
SECTEURS D'ACTIVITÉ : QUELQUES GAGNANTS ET BEAUCOUP DE PERDANTS.

C'est bien connu : le malheur des uns fait le bonheur des autres. Le problème est que, parfois, le malheur de la très grande majorité fait le bonheur d'une infime minorité. C'est exactement ce qui est en train de se produire avec la pandémie de Coronavirus.

En effet, que ce soit avec le confinement et la distanciation sociale rendue nécessaire par cette triste pandémie, certains secteurs ont réussi à tirer leur épingle du jeu et même à profiter de la crise.

Parmi eux, les grands gagnants sont évidemment les plateformes et les outils de travail à distance.

Qui n'a effectivement pas utilisé Zoom, Microsoft Teams, Zendesk ou encore Google Meet et bien d'autres pendant le confinement ?

En février-mars, les outils de vidéoconférence ont connu une progression de 300 %.

Et ce n'est pas tout, car même si la fin du confinement a apaisé ces ardeurs, les plateformes de télétravail et de webinaires sont restées extrêmement dynamiques. C'est bien là le problème : les salariés se sont habitués au télétravail et y ont même pris goût. Finis les embouteillages, les trajets interminables et désagréables en transports en commun pour se rendre sur son lieu de travail.

Désormais, non seulement on peut travailler de chez soi, mais aussi en toute tranquillité, en toute sécurité et avec des gains de temps et de productivité conséquents.

Bien entendu, rien ne vaut l'émulation du travail en équipe rapprochée. Pour autant, une des grandes conséquences économiques et sociales de la pandémie est que désormais le télétravail est définitivement installé dans la vie professionnelle, mais aussi dans les habitudes de vie au quotidien.

Autrement dit, un point de non-retour a été franchi, si bien que les espaces numériques dédiés aux conférences vidéos et webinaires en tous genres ont de très beaux jours devant eux.

Et, comme toujours, les investisseurs se sont engouffrés dans la brèche. Alors qu'il n'était que de 62 dollars en décembre 2019, le cours de l'action Zoom Vidéo Communications est monté à 276 dollars le 10 juillet dernier, soit une flambée de 345 % en sept mois. Qui dit mieux ?

Certes, de nombreuses interrogations en matière de sécurité et de confidentialité demeurent encore sans réponse, mais elles seront rapidement résolues. D'ores et déjà, tous les concurrents de Zoom ont d'ailleurs basé leur stratégie de développement sur la qualité et la sécurité des web-conférences.

En d'autres termes, déjà très actives depuis quelques années, les plateformes de télétravail et de vidéoconférence ont connu un saut qualitatif et quantitatif exceptionnel « grâce » à la crise du Covid19.

Les autres grands gagnants de cette dernière résident aussi sur le net : il s'agit des sites de fitness, de cuisine, de jeux vidéos et surtout de streaming et de TVonLine. Avec 1,5 milliard d'êtres humains confinés, ces sites sont effectivement devenus incontournables et florissants. Parmi les plus connus, Canopy, HBO, Netflix et Disney+ ont raflé la mise, tant d'un point de vue de l'activité économique et financière que sur le front de la valorisation boursière.

A titre d'exemple, l'action Netflix est passée d'un plus bas de 255 dollars en septembre 2019 à un sommet de 550 dollars le 10 juillet 2020, soit une hausse de 115 %.

Et là aussi, comme pour les sites de télétravail, la fin du confinement n'a pas suscité d'inversion de tendance, confirmant qu'une nouvelle dépendance s'est installée.

A un moindre degré sur l'échelle de la réussite, on peut également mentionner les sites de livraison de denrées alimentaires, avec par exemple Amazon Fresh et Instacart qui ont connu des hausses d'activité d'environ 200 %.

Enfin, en dehors du numérique, seuls quelques secteurs ont réussi à tirer leur épingle du jeu. A commencer par la santé et la pharmacie, en plein cœur de la crise par définition. Le secteur pharmaceutique a ainsi été favorisé par la hausse des ventes d'antiviraux ou de médicaments destinés au système respiratoire, qui a compensé en partie la baisse de la demande pour d'autres médicaments du fait du moindre nombre d'opérations chirurgicales et de consultations médicales hors Covid-19.

Le chiffre d'affaires des multinationales (Bayer, Roche…) a progressé de 6,1 %, tandis que le bénéfice net a bondi de 20,5 %. Les perspectives sont positives, même si les stocks réalisés par précaution pourraient constituer un frein à la croissance.

Du côté de la grande distribution, la pandémie a certes entraîné une croissance sans précédent de la demande, mais avec un changement dans le type d'achats. Les ventes de produits alimentaires, d'hygiène et de santé ont crû, tandis que les produits jugés moins essentiels comme les vêtements ont enregistré une nette baisse.

En moyenne, le chiffre d'affaires du secteur (Carrefour, Woolworths…) a progressé de 9,1 %, avec même une hausse de 40 % pour le commerce en ligne de produits alimentaires en Europe.

Mais malheureusement, d'un point de vue macro-économique, l'ensemble de ces quelques gagnants demeure hautement incapable de compenser l'énormité des dégâts subis par les perdants qui constituent évidemment la plus grande majorité.

Parmi les plus affectés, le secteur du tourisme paie et va encore payer durablement un lourd tribut. Et ce, d'autant qu'il était déjà en grande difficulté depuis quelques années, comme en témoignent par exemple le séisme provoqué par la disparition de l'ex-numéro un mondial du voyage Thomas Cook ou encore, à l'échelle française, les faillites de XL et d'Aigle Azur.

A partir de ce socle extrêmement fragile, la crise du Coronavirus est venue donner le coup de grâce. Avec le confinement, la fermeture des frontières, la limitation des déplacements, la distanciation sociale et les nombreuses contraintes sanitaires, tous les acteurs du tourisme de masse se sont effondrés. L'Organisation mondiale du tourisme (OMT) a ainsi annoncé une baisse d'un tiers des recettes de l'industrie mondiale en moyenne sur l'année 2020, tout en soulignant que cette perspective est optimiste puisqu'elle table sur une reprise significative de l'activité touristique pour le second semestre 2020, ce qui est malheureusement loin d'être acquis.

La France étant la première destination touristique mondiale, elle est également et mécaniquement la plus menacée par l'effondrement du tourisme international. Et pour cause : elle accueille chaque année 90 millions de touristes internationaux et génère près de 60 milliards d'euros de recettes par an. De plus, le secteur du tourisme réalise directement 8 %

du PIB français, mais son impact indirect, notamment via les emplois créés, le rayonnement des entreprises touristiques et des régions, est encore bien plus élevé.

Autrement dit, son effondrement aura des conséquences profondes et durables sur l'économie nationale. D'ores et déjà, le premier opérateur touristique en France, en l'occurrence l'Allemand TUI, vient d'annoncer la suppression de deux emplois sur trois dans l'Hexagone.

Pour ne rien arranger, les deux principales origines des touristes hors Europe qui viennent visiter notre « douce France » sont 1. Les Etats-Unis, 2. La Chine. Comme diraient certains : « C'est ballot ! »

Bien entendu, dans la mesure où les Français vont également limiter leurs déplacements à l'étranger, ils devraient permettre au secteur touristique national de limiter les dégâts. Pour autant, ne rêvons pas, les fondamentaux de ce dernier sont plus que fragiles : maintien d'un risque sanitaire élevé, coûts notables de la distanciation sociale et des mesures préventives, sans oublier les craintes sur l'avenir qui vont inévitablement limiter les dépenses des ménages, notamment en matière de vacances.

Autrement dit, il est malheureusement clair que les secteurs du tourisme, de l'hôtellerie et de la restauration vont traverser une période très difficile, qui se traduira forcément par de nombreuses faillites d'entreprises et une multitude de licenciements.

Pour être encore plus direct : tant que la pandémie ne sera pas complétement circonscrite, c'est-à-dire tant qu'il n'y aura pas de vaccin et de thérapie anti-Covid efficace, ces trois secteurs resteront fragiles, voire en danger.

Dans le prolongement de ce marasme touristique, le secteur du transport aérien connaît également une « descente aux enfers » dramatique. Les chiffres parlent d'eux-mêmes : au plus fort du confinement mondial, le trafic aérien a chuté de plus de 80 %. Sur l'ensemble de l'année 2020 et en espérant une reprise progressive de ce trafic, la demande « passagers » devrait chuter de près de 60 %.

Dès lors, pour le second semestre 2020, le trafic ne devrait pas excéder 40 % des capacités des compagnies aériennes. Cet été, en dépit de la sortie du confinement, Air France n'a d'ailleurs assuré que 35 % à 40 % de ses vols habituels.

Bien entendu, toutes les compagnies aériennes de la planète sont logées à la même enseigne. Si leurs Etats de tutelles ne les aident pas massivement, beaucoup d'entre elles disparaîtront. A commencer par les compagnies « Low Cost ». Après avoir intensifié la démocratisation des voyages aériens, le « business model » de ces dernières est aujourd'hui en friche.

Si bien que nous risquons de retomber vingt ans en arrière, lorsque les voyages à travers le monde étaient extrêmement chers et réservés à une élite fortunée.

Nous touchons là au paradoxe principal des tenants du « plane bashing » (dénigrement de l'avion), également appelé « flight shaming » (honte de prendre l'avion). Depuis quelques années, ceux-ci et d'autres n'ont pas arrêté d'exiger une réduction massive des voyages aériens. Or, une fois que cette dernière a effectivement eu lieu, ils n'hésitent pas à se plaindre que les compagnies aériennes licencient et disparaissent, avec tous les dommages collatéraux négatifs que cela engendre sur la stabilité économique et sociale de nos pays.

Car, ne nous leurrons pas : les impacts de la chute du trafic aérien ne s'arrêtent pas aux compagnies aériennes. La « pelote de laine » va beaucoup plus loin, car qui dit moins de voyages, dit moins d'activité pour les aéroports, mais aussi pour les commerces et les personnes qui y travaillent.

Ensuite, moins de transport aérien, c'est aussi et surtout moins d'activité pour les constructeurs aériens. Que ce soit Boeing ou Airbus, les commandes sont ainsi en chute libre. Certaines compagnies font même preuve d'une inventivité augmentée pour tenter d'annuler des commandes d'avions.

De mars à mai 2020, Boeing a ainsi essuyé 273 annulations de commandes. Certes, les carnets de commandes pour les années à venir restent encore bien pleins : 4 744 avions pour Boeing et 7 621 appareils pour Airbus. Cependant, si le trafic aérien ne se reprend pas (cas très probable) et si les compagnies aériennes continuent de tomber comme des mouches, ces commandes risquent de fondre comme neige au soleil.

Les réactions en chaîne de la pandémie doivent donc vraiment être prises au sérieux : tourisme en chute libre, effondrement du trafic aérien, descente aux enfers des compagnies aériennes, aéroports à l'arrêt ou presque, consommation énergétique en berne, constructeurs aéronautiques en grande difficulté…

Et, attention, cette succession de funestes évènements ne se limite pas aux mots, elle concerne des milliers, voire des millions d'emplois, mais aussi des millions de familles, sans oublier des régions entières en danger, telle que l'Occitanie avec Airbus, ou les environs de Seattle avec Boeing, sans oublier les équipementiers et les sous-traitants à travers le monde.

Enfin, pour terminer ce tour d'horizon non-exhaustif des perdants de la crise, ayons également une pensée pour toutes les industries de l'évènementiel, des spectacles, du cinéma, des parcs d'attraction, mais aussi de l'automobile, de la mode, du luxe (n'oublions pas qu'au cours des quinze dernières années, 60 % de la croissance du secteur du luxe provenait de Chine) ou encore de l'immobilier de bureau.

Il est effectivement clair que, fort de l'expérience concluante du confinement, le développement du télétravail va encore s'intensifier. Cela permettra à certaines entreprises de faire des économies, mais se traduira aussi par une baisse drastique des besoins en locaux professionnels et commerciaux. Finis donc les grands « open-space » et les sièges sociaux sur X étages, les centres commerciaux gigantesques et confinés…

Ces évolutions durables entraîneront bien entendu un effondrement des prix, mais aussi de l'activité dans l'ensemble de ces secteurs, avec, là aussi, de nombreux licenciements à la clé.

Bref, laisser croire que les effets négatifs de la pandémie prendraient fin avec l'arrêt du confinement relève de la gageure.

14.
GAFAM : TROP PUISSANTES, DONC TROP DANGEREUSES ?

Comme nous l'avons abordé dans le chapitre précédent, c'est l'une des grandes conséquences de la pandémie de coronavirus et de son corollaire, le confinement : le télétravail et la numérisation économique se sont fortement développés. Dès lors, déjà excessivement puissantes avant cette crise, les entreprises du numérique ont renforcé leur domination qui est d'ailleurs devenue hégémonique. Ce faisant, après un logique dégonflement, la bulle boursière de ce secteur et plus globalement des valeurs de croissance est repartie de plus belle. Ainsi, en dépit ou plutôt à cause des risques sanitaires, l'indice Nasdaq n'a cessé de dépasser des sommets historiques au cours des dernières semaines, atteignant même le niveau stratosphérique des 10 839 points lors de la séance du 21 juillet 2020.

De quoi rappeler qu'à l'instar de la flambée boursière des années 1998-2000, tirée par la « révolution Internet », puis de celle de 2006-2007, tractée par les produits « subprimes », la bulle de 2015-2020 dispose d'une avant-garde encore plus puissante, en l'occurrence la révolution du numérique, qui paraît tout autant irréprochable qu'inextinguible. Et ce d'autant qu'elle dispose, à son tour, d'une force de frappe impressionnante, encore plus performantes que les « Avengers » et la « Justice League » réunis et qu'on appelle les GAFAM : Google, Amazon, Facebook, Apple, Microsoft.

L'évolution de leurs cours boursiers est effectivement impressionnante. Ainsi, après leurs krachs de 2018 et de mars 2020, il paraissait plausible de croire que l'heure était à l'apaisement durable. Eh bien non ! Défiant une nouvelle fois les lois de l'apesanteur, les Gafam sont reparties de plus belle, atteignant même de nouveaux sommets historiques au cours du mois de juillet 2020.

Les chiffres parlent d'eux-mêmes. Après avoir baissé de 28,3 % entre le 19 février 2020 et le 3 avril, l'action Google (Alphabet) a repris 43,2 %

au cours des quatre mois suivants, atteignant même un nouveau pic historique de 1 564 dollars le 22 juillet. Sa progression depuis la fin 2012 atteint 383 %.

De même, après avoir reculé de 25,9 % entre le 14 février 2020 et le 1er avril, l'action Apple a progressé de 76,4 % au cours des quatre mois suivants, se hissant à un nouveau sommet historique de 425 dollars le 31 juillet et affichant une flambée de 661 % depuis avril 2013.

Un peu moins volatile, l'action Microsoft n'en est pas moins stratosphérique : - 18,8 % entre le 19 février et le 1er avril, + 40,9 % au cours des quatre mois suivants, atteignant un nouveau sommet historique de 214,3 dollars le 9 juillet, soit une explosion de 710 % depuis le début 2013.

L'action Facebook a aussi renoué avec les records historiques. Et pour cause : après avoir dévissé de 29,2 % entre le 18 février 2020 et le 3 avril, celle-ci a ensuite remonté de 64,5 %, atteignant un nouveau sommet de 253,7 dollars le 31 juillet, soit une hausse de 1 007,7 % depuis juin 2013.

Quant à l'action Amazon, après une chute de 22,7 % entre le 19 février et le 12 mars, elle a rebondi de 90,9 % depuis, atteignant un plafond inégalé de 3 200 dollars le 10 juillet. Elle réalise ainsi une flambée de 1 205 % depuis décembre 2012.

Conséquences logiques de ces envolées, les capitalisations boursières des GAFAM donnent encore plus le vertige : 723 milliards de dollars pour Facebook, 1 070 milliards de dollars pour Google, 1 600 milliards de dollars pour Amazon, 1 605 milliards de dollars pour Microsoft. La palme de l'excellence étant attribuée à Apple, avec une capitalisation boursière de 1 820 milliards de dollars, soit 60 milliards de dollars de plus que la capitalisation boursière de toutes les entreprises du Cac 40.

Au total, la « valeur » boursière des 5 Gafam atteint la « modique somme » de 6 818 milliards de dollars, soit 663 milliards de dollars de plus que le PIB de la France et de l'Allemagne réunies.

Face à cette exubérance, une question s'impose : de telles flambées sont-elles justifiées ? On oublie effectivement qu'en dépit d'un inévitable renforcement lié à la pandémie et au confinement, les valeurs du numérique peinent encore à trouver un « business model » rentable qui va d'ailleurs forcément se heurter tôt ou tard à la nécessité de mieux réglementer l'ensemble de cet univers, qui échappe actuellement à tout contrôle.

D'ailleurs, rappelons que les Price Earning Ratio (c'est-à-dire la valorisation des actions comparativement aux bénéfices) des Gafam sont très élevés, en particulier pour Amazon, avec un niveau de 130. Cela signifie qu'il faut 130 années de profit actuel d'Amazon pour justifier sa valorisation boursière.

Pour les quatre autres GAFAM, les PER sont beaucoup moins élevés, mais demeurent tout de même très hauts : 35 pour Microsoft, 33 pour Google, 32 pour Facebook et 31 pour Apple. Il faut savoir qu'empiriquement, un PER normal est d'environ 12 à 15. En-deçà, les actions sont considérées comme peu chères, et évidemment trop chères au-delà. Or, qu'adviendra-t-il demain des bénéfices des Gafam en cas de réglementation plus stricte, notamment d'un point de vue fiscale et sécuritaire ?

Plus globalement, les Gafam restent particulièrement menacées par toute une série de catastrophes potentielles : encadrement réglementaire contraignant, lois antitrust, cyberattaques, luttes intestines à craindre de sociétés qui empiètent chacune sur le business des autres, sans oublier leur exposition à la remontée des taux d'intérêt des crédits et à la récession économique. Or, de la même façon que la bulle boursière de 2015-2017, puis de 2019-2020 a été alimentée, pour ne pas dire engendrée, par la flambée des Gafam, la correction de ces dernières ne manquera pas de sonner la fin de la récré et de susciter une baisse boursière généralisée, comme cela s'est d'ailleurs déjà observé cette année.

Que deviendront alors les fameuses « licornes », c'est-à-dire ces nombreuses sociétés du numérique qui ont été créées dans le sillage des Gafam et qui, pour la grande majorité, n'ont jamais réalisé le moindre profit, mais voient également leur valorisation (boursière ou non) flamber ? On retrouve dans ces entreprises des acteurs du e-commerce, des réseaux sociaux, des vidéoconférences, des fintech, de la cybersécurité... Tous ces secteurs sont évidemment porteurs et nul doute que leurs leaders génèreront de solides bénéfices dans le futur. Malgré tout, est-il raisonnable de les valoriser aussi cher ? Et, pour quelques « success stories », combien resteront-elles sur le carreau, et leurs gentils investisseurs avec ? A l'évidence, le réveil risque d'être douloureux... En d'autres termes : Oui à la révolution technologique, non à l'aveuglement.

Google : + 383 % depuis la fin 2012.

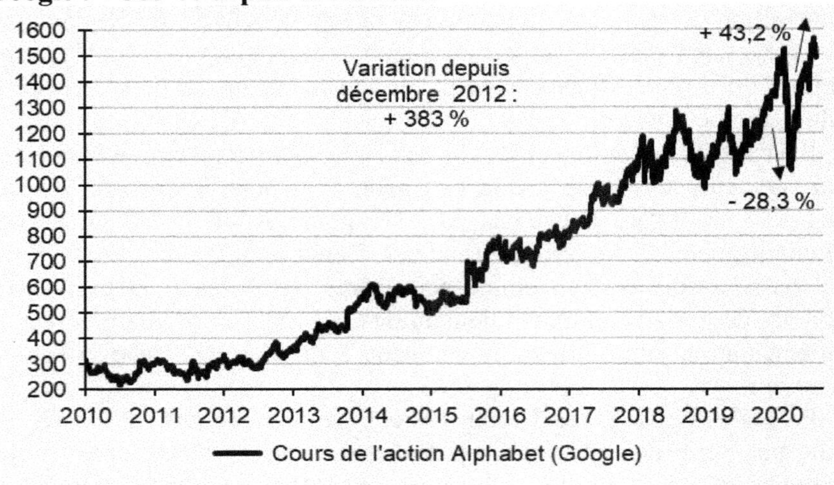

Sources : Nasdaq, ACDEFI

Apple : toujours plus haut !

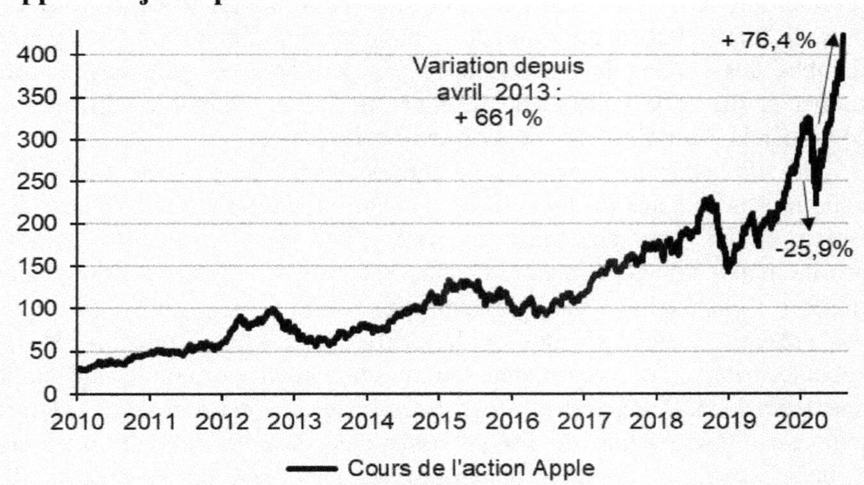

Sources : Nasdaq, ACDEFI

Un peu moins volatile, l'action Microsoft continue de flamber.

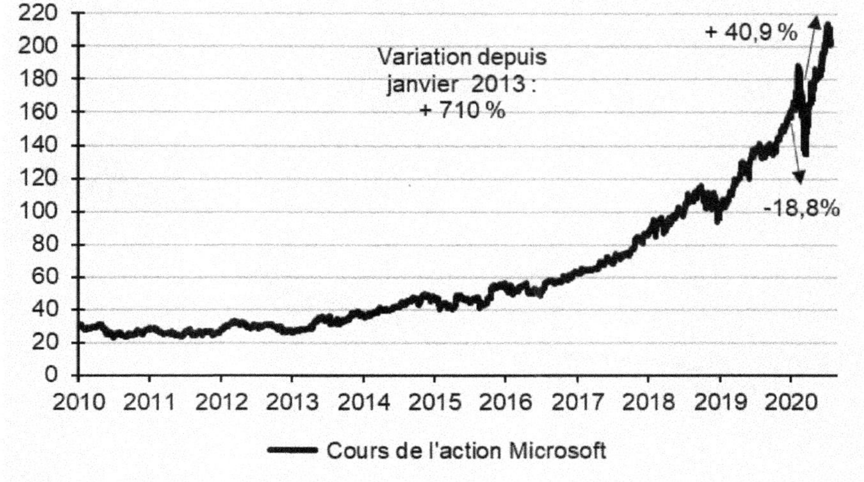

Sources : Nasdaq, ACDEFI

L'action Facebook reste la plus volatile.

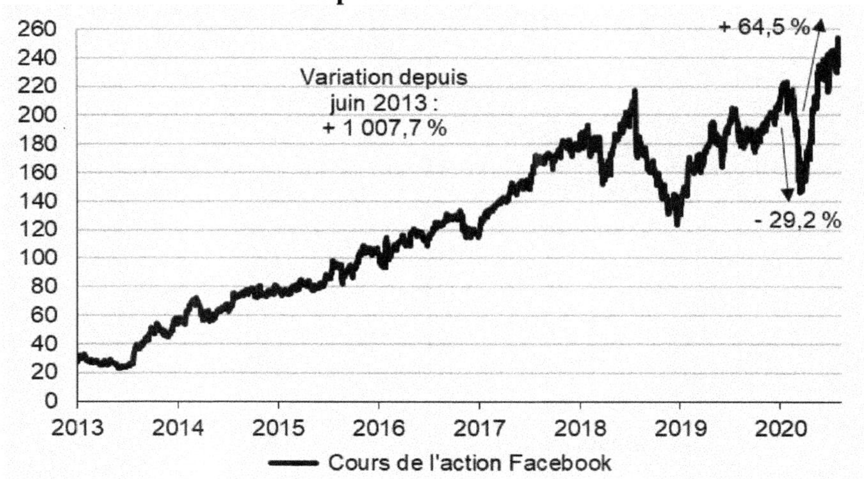

Sources : Nasdaq, ACDEFI

Amazon, championne de la flambée boursière.

Sources : Nasdaq, ACDEFI

Des capitalisations boursières qui défient l'entendement.

	Capitalisations boursières en Mds de $ au plus haut de juillet 2020
Facebook	723
Google (Alphabet)	1 070
Amazon	1 600
Microsoft	1 605
Apple	1 820
Total	6 818
Pour info :	
Capitalisation du Cac 40	1 760
PIB France + Allemagne	6 155

Sources : Nasdaq, Euronext, FMI, ACDEFI

EPISODE III :

UNE NOUVELLE EUROPE ?

15.
PLAN EUROPÉEN : POUR 750 MILLIARDS T'AS PLUS RIEN !

« Pour 100 briques t'as plus rien ! » Tel était le titre d'une célèbre comédie d'Edouard Molinaro de 1982. A l'époque, 100 briques signifiaient généralement 100 millions d'anciens francs, donc un million de nouveaux francs, soit environ 150 000 euros d'aujourd'hui. Et effectivement, avec une telle somme, ce n'était pas et ce n'est toujours pas le « Pérou », du moins cela ne permet pas d'arrêter de travailler. Comme quoi, avec le temps et un peu d'inflation, les richesses fondent comme neige au soleil. De quoi rappeler qu'il ne sert pas à grand-chose de thésauriser, mais que la seule véritable création de richesses réside dans le travail, l'investissement et l'épanouissement personnel.

Toujours est-il que, presque quarante ans plus tard, cette même phrase est toujours d'actualité, si ce n'est que les briques sont devenues des milliards d'euros. C'est du moins ce qui ressort de la dernière tentative du couple franco-allemand pour essayer de sortir l'Europe de la crise du Coronavirus et surtout de sa plus grave récession depuis la seconde guerre mondiale.

Certes, ne boudons pas notre plaisir, pour ceux qui, comme moi, n'avons cessé de demander une augmentation massive du budget européen, le plan européen de relance de 500 milliards d'euros annoncés conjointement par Mme Merkel et M. Macron, puis validé et augmenté à 750 milliards d'euros par la Commission européenne a de quoi nous mettre du baume au cœur.

De plus, alors que je soutiens depuis des années qu'il est indispensable de mutualiser la dette européenne pour essayer de sauver la zone euro, c'est exactement ce vers quoi l'Europe commence enfin à se diriger. En effet, pour financer une partie de ces 750 milliards d'euros, précisément 390 milliards d'euros, ce sera bien l'Union européenne à 27 qui fera appel aux marchés obligataires internationaux et qui remboursera collectivement cette dette. Parallèlement, elle distribuera ces 390 milliards aux pays et aux régions les plus affaiblis par la crise du Coronavirus, sans distinction de poids dans le PIB européen et encore moins de sérieux budgétaire ou autres critères discriminants.

S'il ne s'agit pas exactement d'Eurobonds (c'est-à-dire d'obligations d'un Etat fédéral européen), force est de reconnaître que cela y ressemble fortement. Autrement dit, n'ayons pas peur des mots : ce plan constitue un véritable exploit, voire un miracle, pour nos amis Allemands et en particulier pour Angela Merkel. La Chancelière allemande déclarait effectivement en juin 2012 que les projets d'euro-obligations étaient non seulement « contraires à la Constitution » allemande, mais aussi « économiquement erronés » et « contre-productifs », tout en ajoutant qu'ils ne verraient pas le jour « de son vivant ».

L'exploit est d'autant plus impressionnant que l'annonce de ce plan est intervenue à peine dix jours après la mise en demeure de la cour constitutionnelle de Karlsruhe à l'encontre de la « planche à billets » excessive de la BCE.

En outre, après d'âpres négociations (et notamment sur l'enveloppe globale des subventions mutualisées qui est passée de 500 milliards d'euros à 390), il a finalement été ratifié par les 27 pays de l'Union européenne le 21 juillet dernier, au bout du plus long sommet européen de l'histoire, puisqu'il a duré 4 jours. Cet accord à l'arraché souligne d'ailleurs que le Brexit est en partie une bonne chose pour l'Union européenne, car il est quasiment assuré que si le Royaume-Uni était encore dans l'Union, ce pacte n'aurait certainement pas été validé.

Autrement dit, comme aurait pu le déclarer le Candide de Voltaire : tout va pour le mieux dans le meilleur des mondes. Mais, ne soyons pas dupes : la plus grande prudence doit rester de mise. Et ce, pour au moins six raisons.

Premièrement, même si la somme peut paraît folle, n'oublions pas que les 750 milliards d'euros promis ne représentent que 5,7 % du PIB de l'Union européenne. C'est évidemment mieux que rien, mais lorsque l'on sait que ce dernier a baissé d'au moins 15 % en valeur (c'est-à-dire inflation comprise) au cours de la récession engendrée par la crise du Coronavirus, on comprend que ce plan de relance est d'ores et déjà hautement insuffisant pour permettre de relancer massivement et durablement l'activité de l'Union européenne.

Deuxièmement, même si, par miracle, ce plan est renouvelé chaque année, cela signifiera que le budget européen sera d'environ 7 % du PIB de l'Union, contre un budget fédéral qui représente plus de 20 % du PIB américain. Autrement dit, la marge de manœuvre du budget européen restera très mesurée.

Troisièmement, même si la ratification au forceps de ce plan par les 27 a pu produire certains effets ici ou là, il ne faut pas oublier que celle-ci a montré que l'Union européenne était loin d'être un havre de coopération et d'entente.

Ainsi, si les pays du Sud n'avaient évidemment aucune raison de refuser ce plan (quoique…), des pays tels que les Pays-Bas, l'Autriche, la Finlande, la Suède, voire l'Irlande avaient de quoi calmer le jeu. Injustement appelés pays « frugaux » ou « radins » par les médias français, il ne faut effectivement pas oublier que ces pays sont surtout sérieux et respectueux des engagements européens. En effet, ils ont su mettre en place une politique raisonnable et responsable de dépenses publiques, réduisant massivement leurs ratios dette publique / PIB, souvent vers les 50 %. Mieux, au contraire des pays du Sud, cette sagesse leur a permis de réduire les impôts et de réaliser de belles performances en termes de croissance et d'emploi.

Quatrièmement, les concessions accordées pendant ce sommet sous haute tension risquent de laisser des traces pour les futures décisions européennes. Autrement dit, en cas de nouvelle crise, l'exploit réalisé le 21 juillet pourrait laisser place à des règlements de comptes particulièrement peu amicaux.

Cinquièmement, comme je ne cesse de le souligner depuis des années, ce plan confirme, une fois encore, que les dirigeants européens continuent de répéter les mêmes erreurs. Du haut de leur tour d'ivoire, ils restent effectivement persuadés qu'en dilapidant les milliards d'euros, ils vont résoudre tous les problèmes.

Par définition, cette stratégie est vaine, voire dangereuse. En effet, elle ne consiste qu'à colmater les brèches et à essayer de calmer le jeu temporairement sans résoudre les origines du mal, à savoir l'insuffisance d'investissements innovants et plus globalement l'absence de croissance économique durablement forte et saine.

Ainsi, tant que l'Union européenne et la zone euro ne seront pas dotées d'une véritable gouvernance économique efficace tant en matière de croissance que de sérieux budgétaire, la crise ne pourra prendre fin.

D'où un inévitable et douloureux sixièmement sur le financement de ces mesures. Car si pour le moment, les taux d'intérêt des obligations d'Etat restent très bas, il est clair que de nouveaux dérapages publics à l'échelle européenne vont forcément finir par changer la donne. A plus forte raison si la BCE est contrainte de limiter sa « planche à billets ».

Le risque est alors grand que pour financer toujours plus de dépenses publiques, il faudra encore augmenter les impôts. Or, l'aggravation de la pression fiscale réduit mécaniquement l'activité économique, donc l'assiette fiscale, ce qui finit par abaisser les recettes de l'Etat et donc par creuser les déficits. Très logiquement, la dette publique augmente, les taux d'intérêt également et le cercle pernicieux de la bulle de la dette recommencera inévitablement à s'installer.

En conclusion, si la gouvernance de l'Union européenne et *a fortiori* celle de la zone euro ne sont pas améliorées, les 750 milliards d'euros annoncés ne serviront pas à grand-chose et finiront même par coûter très cher.

16.
LE COVID-19 DÉTRUIRA-T-IL LA ZONE EURO À 19 ?

Comme disait le philosophe Friedrich Nietzsche et comme je l'ai régulièrement répété depuis 25 ans de manière à ne pas sombrer dans le pessimisme lors des périodes de crises : « Tout ce qui ne nous tue pas nous rend plus fort ». A priori imparable, cette maxime oublie néanmoins un peu vite une autre formule issue de la sagesse populaire mais encore plus vraie : « à trop tirer sur la corde, elle finit par casser ». Autrement dit, même si les épreuves peuvent nous renforcer, à terme, elles peuvent aussi finir par nous détruire, surtout si elles s'accumulent trop rapidement et encore plus si elles sont mal gérées.

C'est exactement à l'intersection de ces deux maximes que se trouve aujourd'hui la zone euro. En effet, depuis sa création il y a 21 ans, la zone euro a dû encaisser un grand nombre de chocs : la récession de 2000-2003, l'effondrement de l'euro/dollar sous les 0,85 en 2001, la crise financière de 2008-2009, la crise grecque de 2010-2012, l'arrivée à l'Elysée en mai 2012 de François Hollande, qui s'était engagé à réformer l'Union Economique et Monétaire (UEM) et à mettre l'Allemagne au pas, l'élection à la tête de la Grèce en janvier 2015 d'Alexis Tsipras, qui avait notamment promis de faire exploser la zone euro.

Plus récemment, l'avènement d'un gouvernement europhobe à la tête de l'Italie a encore failli sonner le glas de l'UEM. Et pour cause, ce dernier souhaitait revenir à la situation qui prévalait avant 1992. Il réclamait notamment que la politique étrangère italienne soit désormais fondée essentiellement sur « l'intérêt national » et que les titres d'Etat des pays membres acquis par la BCE sortent du calcul du rapport entre la dette et le PIB, histoire de pouvoir ré-augmenter la dette, sans que cela apparaisse dans les statistiques officielles. Il suffisait d'y penser !

Pour autant, dans tous ces cas, le plus souvent après de nombreuses tergiversations politiciennes et ubuesques, le pire ne s'est pas produit et la zone euro n'a pas disparu. Avec les crises grecques de 2015 et italiennes de 2018, l'artillerie lourde a cependant été sortie, puisque pour accompagner les négociations politiques, la Banque Centrale Européenne a mis en place une politique extrêmement accommodante : taux de refinancement des banques (dit taux refi) à 0 %, taux de dépôt à - 0,5 % et surtout une « planche à billets » pléthorique de 3 000 milliards d'euros. C'est donc grâce à cette débauche de moyens que les taux d'intérêt des dettes publiques des pays surendettés sont restés anormalement bas et que l'UEM a pu traverser toutes ces tempêtes.

Seulement voilà, toutes les bonnes choses ont une fin. Ainsi, avec la crise du Covid-19, la dépression historique qu'elle a engendrée et la nouvelle flambée des dettes publiques qui en a découlé, la BCE a décidé de continuer sa « fuite en avant », en fournissant encore plus de « morphine » sur les marchés des dettes publiques. Elle oublie néanmoins que si la morphine calme la douleur, elle ne guérit pas la maladie, en l'occurrence celle de l'excès de dette publique. Devant cette nouvelle gabegie, la cour constitutionnelle de Karlsruhe a tiré la sonnette d'alarme, accroissant *de facto* les risques de réactivation de la crise de la dette publique et plus globalement d'explosion de la zone euro. Car, ne rêvons pas, derrière la mise en garde allemande se cache bien une remise en question de l'UEM telle qu'elle existe jusqu'à présent.

Face à ce danger extrême, certains économistes, politiciens ou observateurs de la « chose économique » n'hésitent pas à botter en touche en soulignant que cette éventualité n'a aucun sens. La fin de la zone euro ? « Impossible » disent-ils avec l'aplomb des technocrates qui dissertent sur l'avenir économique sans n'avoir jamais été sur le terrain ou encore de tous les « spécialistes » qui disaient que l'épidémie de Coronavirus ne causerait pas de dégâts majeurs dans l'Hexagone...

Ces donneurs de leçons ont clairement tort.

Oui, il faut être honnête : même si nous ne le souhaitons pas, l'explosion de la zone euro est possible. Compte tenu de l'ampleur de la crise actuelle, la probabilité de ce triste scénario s'accroît même de jour en jour. S'obstiner à vouloir faire croire le contraire est contre-productif. Cela ne fait qu'aviver les tensions sociales au sein des différents pays. Et ce d'autant que la nouvelle crise politique, financière et économique qui s'annonce n'est pas un accident de parcours facilement surmontable.

Oui. Cette crise porte en elle les carences structurelles de la zone euro, qui, pourtant censée constituer un havre de stabilité, s'est finalement engoncée dans la croissance molle, ainsi que dans la fragilité économique, politique, sociale et sociétale.

En fait, à l'image des bulles qui n'ont cessé de gonfler sur les marchés boursiers et obligataires, la zone euro est, elle aussi, devenue une « bulle », c'est-à-dire un fossé entre ses promesses et ses réalisations, constituant par là même une « machine à crises ». Cette carence d'efficacité de la zone euro rappelle un problème fondamental : basée sur des fondations bancales, l'UEM n'a jamais été terminée. En effet, cette dernière ne sera crédible que lorsqu'elle sera devenue une « zone monétaire optimale », c'est-à-dire parfaitement unifiée à tous points de vue, comme les Etats-Unis d'Amérique ou les Etats-Unis du Brésil par exemple. C'est d'ailleurs ce qui était prévue dans le traité de Maastricht, mais a été oublié.

Le drame est que, depuis quelques années, les peuples et les dirigeants de la zone euro sont devenus de plus en plus réticents à l'idée d'une union fédérale. Et, comme nous l'avons vu dans le chapitre précédent, le plan européen de 750 milliards validé dans la douleur n'y change pas grand-chose.

Encore plus grave : un sentiment europhobe s'est répandu comme un virus et a gagné de plus en plus de pays et de citoyens. La raison de ce rejet est finalement assez simple : depuis des décennies, les dirigeants des pays européens, principalement par manque de courage, n'ont cessé de dire à leurs populations que s'il fallait faire des efforts c'était à cause de l'Europe. Pourtant, s'il faut assainir les dépenses publiques et les rendre plus fécondes en croissance et en emplois, ce n'est pas pour l'Europe mais pour nos enfants. Conséquence logique de cette erreur stratégique et historique : la construction européenne est devenue le bouc émissaire idéal et a stigmatisé toutes les rancœurs, voire toutes les haines.

Autrement dit, non seulement l'Europe n'est pas devenue la terre de croissance et d'emploi attendue mais, en plus, dans l'inconscient collectif, elle est désormais perçue comme la mère de toutes les rigidités et de toutes les inefficacités budgétaires et économiques, avec en toile de fond un chômage de masse endémique.

Il faut donc être clair : sauf si une prise de conscience miraculeuse se produit, notamment en Italie, en France et en Allemagne, afin d'engager la zone euro vers une harmonisation des conditions fiscales et réglementaires, avec un budget fédéral efficace mais aussi moins de rigidités structurelles, l'UEM telle que nous la connaissons aujourd'hui aura disparu d'ici 2030. Cela ne signifiera d'ailleurs peut-être pas la fin de l'euro, mais l'avènement d'une zone monétaire plus restreinte, avec une vraie intégration, une véritable union fédérale, des règles strictes et une entraide à toute épreuve.

C'était justement le but du traité de Maastricht élaboré en 1992. Dommage que les dirigeants européens ne le comprennent qu'aujourd'hui, 28 ans plus tard… Mais c'est peut-être aussi à cela que peut servir un « Reset » comme celui que nous sommes en train de vivre.

17.
ET SI L'EURO DISPARAISSAIT ?

Plus que jamais, la question mérite donc d'être posée : que se passerait-t-il si la zone euro disparaissait ? En fait, si nous voulons sauver la zone euro, plutôt que de tomber dans la facilité et d'adopter la stratégie du dénigrement, il serait beaucoup plus opportun d'accepter ce cas de figure extrême et de réfléchir aux conséquences désastreuses qu'il pourrait entraîner. Nous pourrons alors peut-être comprendre par là même qu'il faudra tout mettre en œuvre pour l'éviter. C'est ce que je vous propose de faire ci-après.

Tout d'abord, rappelons que la décision de sortir de la zone euro sera forcément du ressort des dirigeants politiques nationaux. En effet, il n'existe aucun mécanisme européen pour exclure des pays de l'UEM. L'abandon de l'euro sera donc forcément un choix souverain, si par exemple les dirigeants d'un pays estiment que les sacrifices requis pour rester dans l'UEM sont trop nombreux et impossibles à supporter. Dès lors, le pays en question pourra mettre en place la stratégie « d'opting out », comme l'ont fait les Anglais ou les Suédois avant la création de l'UEM.

Une fois cette décision prise, ils devront alors choisir un taux de conversion entre l'euro et leur nouvelle devise, qui sera certainement celle qui prévalait avant la monnaie unique. Cette transition prendra évidemment du temps. D'abord pour adapter les systèmes de comptabilité bancaire et ensuite pour émettre les nouveaux billets. Souvenons-nous que la mise aux normes des systèmes informatiques des banques lors du passage à l'euro en 1999 a pris environ deux ans. Quant aux pièces et billets, ils ne sont arrivés dans les mains des citoyens que trois ans plus tard. Inutile de dire que le chemin inverse constituera un vrai capharnaüm, avec toutes les confusions, les erreurs et les valses des étiquettes que cela engendrera.

Mais ceci n'est presque rien comparativement à ce qui va suivre. Car, si un pays sort de la zone euro, il ne bénéficiera plus de la « protection » de cette dernière, notamment en matière d'évolution des taux d'intérêt des obligations d'Etat. Rappelons ainsi qu'en mars 2012, lorsque la Grèce était sur le point de quitter l'UEM, le taux d'intérêt à dix ans des obligations de l'Etat grec avoisinait les 35 % et que celui à deux ans montait à 377 %, précisément le 7 mars 2012.

Autre exemple : lors du cafouillage autour de la nomination du gouvernement italien fin mai 2018, le taux d'intérêt à dix ans des obligations de l'Etat transalpin a flambé dans des proportions impressionnantes : entre le 4 et le 30 mai, il est passé de 1,7 % à 3,4 % !

Enfin, plus récemment, en pleine crise du coronavirus, ce même taux d'intérêt à dix ans de la dette publique italienne est passé de 0,9 % le 22 février 2020 à 2,4 % le 17 mars. Seule la mise en place d'une nouvelle « planche à billets » de la BCE a pu arrêter cette dangereuse tension. Et quand bien même, ce taux s'est stabilisé autour de 1,3 %, contre par exemple 0 % en France et 0,4 % en Espagne.

Mais cette déconfiture assurée n'est pas l'apanage de la Grèce ou de l'Italie. Ainsi, si la France sortait de l'UEM, les taux d'intérêt auxquels elle emprunte flamberaient également, pour atteindre certainement 5 % à 10 % pour le taux à dix ans. Une fois que les marchés sont passés dans un mouvement de panique, on ne peut effectivement plus les arrêter.

Au-delà de l'aggravation du déficit et de la dette que cela engendrerait, cette tension dramatique susciterait un écroulement de l'investissement et de la consommation, puis une récession, qui, à son tour, se traduirait par une nouvelle augmentation du déficit public, donc une hausse des taux d'intérêt et le cercle pernicieux continuerait.

Pour tenter de stopper l'hémorragie, le gouvernement n'aurait alors d'autre choix que de rétablir le contrôle des changes et d'augmenter drastiquement les droits de douanes. Autrement dit, les Français ne pourraient sortir leurs deniers de l'Hexagone sans autorisation de la Banque de France. « Peu importe » diront certains, puisque cela permettrait de taxer les patrimoines au maximum sans possibilité d'échappatoire. De plus, la Banque de France pourrait également activer la « planche à billets » et monétiser la dette publique.

Le problème de ce scénario, qui pourrait paraître idyllique à certains, est que la crédibilité de la France en sortirait particulièrement amoindrie sur la scène internationale. De plus, en créant massivement de la monnaie ex-nihilo, c'est-à-dire sans création de richesse correspondante, l'inflation flamberait vers les 8 %, ce qui grèverait encore le peu de pouvoir d'achat des Français et aggraverait la récession.

Quant à la taxation excessive des patrimoines et des entreprises, elle se traduirait par un nouvel écroulement de l'investissement et de la consommation, donc par une exacerbation de la récession, avec toutes les conséquences sociales dramatiques que cela engendrerait.

Déjà « à fleur de peau », les populations défavorisées deviendraient incontrôlables, ce qui finirait par provoquer des émeutes, voire une guerre civile.

En conclusion, si la sortie de la zone euro est tout à fait possible, il faut savoir qu'elle se traduirait forcément par une récession aggravée et durable, par une crise sociale sans précédent, mais aussi des guerres civiles, voire un conflit militaire. Bref, l'Europe et le monde s'engageraient dans un « trou noir ».

Or, n'oublions pas que les Français n'ont jamais connu de grave crise depuis l'après-guerre, c'est-à-dire avec une forte baisse du PIB pendant plusieurs années. Dès lors, leur réaction face à un profond marasme social pourrait être catastrophique. Et l'Histoire nous a montré que lorsqu'une révolution commence dans l'Hexagone, elle peut durer longtemps et très mal se terminer. A l'évidence, le jeu n'en vaut vraiment pas la chandelle et, même si elle doit être ajustée, voire modifiée, la zone euro doit être sauvée.

De quoi souligner que le « reset » engendré par la pandémie de Covid19 peut certes déboucher sur un monde meilleur (espérons-le), mais aussi sur une situation bien plus dramatique que précédemment. Il ne faut donc pas se tromper de sens de l'Histoire, en particulier en Europe.

18.
VERS UNE EUROPE À QUATRE VITESSES…

Ah l'Europe ! Quel beau projet ! A son actif, de belles réussites : d'abord la paix, ensuite le libre-échange au travers de l'Union européenne et enfin la zone euro qui, pour la première fois dans l'Histoire de l'Humanité, a permis d'unir 341 millions de personnes autour d'une même monnaie en temps de paix.

Pour autant, soyons francs et réalistes, l'Europe ce n'est malheureusement pas qu'une belle réussite. De nombreux échecs sont venus ternir cette belle réalisation. L'Union européenne a ainsi été très vite sclérosée par une technocratie ingérable qui a produit beaucoup trop de rigidités. De ce fait, elle a été incapable de générer une croissance durablement forte et a fortiori une situation de plein-emploi durable. De même, elle n'a pas réussi à éviter la crise de 2008-2009 et les récessions qui ont suivi.

Encore plus grave, la zone euro est l'une des lanternes rouges de la croissance mondiale depuis quinze ans et a même failli exploser lors de la crise grecque. Elle a été sauvée in extremis par la BCE et par « Super Mario » Draghi, mais qui n'ont finalement fait que gagner du temps. Car comme je l'ai écrit à maintes reprises depuis des années, l'UEM ne peut perdurer sans union fédérale et politique. L'Histoire de l'Humanité nous l'a montré. De toutes les nombreuses tentatives d'union monétaire qui ont jalonné celle-ci, les seules qui ont survécu sont celles qui ont été finalisées par une union politique.

C'est d'ailleurs en prévision de cette perspective que le Royaume-Uni a refusé d'entrer dans l'euro. Mais si, ce refus était prévisible, le Brexit l'était beaucoup moins, cassant encore un peu plus le rêve européen. Encore plus grave, arguant de cette brèche, de plus en plus de pays sont désormais tentés par le repli sur soi et le retour en arrière.

Mais à la rigueur si le désamour anglo-européen était connu, l'installation d'un jeu non-coopératif au sein même de la zone euro l'est moins. C'est pourtant ce qui se passe depuis des années au travers de la concurrence fiscale qui se joue entre les pays de l'UEM.

Le Luxembourg, l'Irlande et, depuis peu, le Portugal ont ainsi compris que, pour profiter à plein de la zone euro, il fallait réduire massivement les impôts, voire devenir un « paradis fiscal », en particulier pour les ressortissants étrangers européens qui choisiraient de s'exiler dans des terres d'accueil très favorables. Il est vrai que les « paradis fiscaux » n'existent que parce qu'il y a des « enfers fiscaux », à commencer par notre « douce France ». Et, malheureusement, au regard des mesures gouvernementales passées et à venir, il y a encore de la marge pour que cette dernière se mette au niveau de la quasi-totalité de ses partenaires européens en matière de prélèvements obligatoires.

Dans ce cadre, il est possible d'imaginer pour la prochaine décennie une Europe à 4 vitesses. La première sera une sorte de « zone euro premium », uniquement avec les pays qui respectent les règles d'harmonisation des conditions fiscales et réglementaires, le tout étant consolidé par un budget fédéral et une union politique.

Ensuite, une « zone euro basique » pourra réunir les pays souhaitant garder la monnaie unique, mais n'étant pas encore capables de remplir tous les critères d'adhésion à la « zone euro premium ». Ces pays pourraient ainsi bénéficier d'un taux de change un peu moins fort de manière à pouvoir retrouver le chemin d'une croissance forte et *in fine* intégrer la « zone premium ».

Encore un peu plus bas sur l'échelle de l'intégration européenne, la troisième Europe serait tout simplement celle de l'Union européenne actuelle, c'est-à-dire une zone de libre-échange, mais sans monnaie commune.

Enfin, la dernière Europe réunirait les pays géographiquement européens, mais qui ne souhaitent pas faire partie de l'Union européenne, avec néanmoins des relations économiques et commerciales privilégiées, tels que la Suisse, la Norvège et le Royaume-Uni.

Cette nouvelle Europe ne sera évidemment pas parfaite, mais elle aura au moins le mérite d'être claire, transparente et crédible. Ce qui ne sera déjà pas si mal….

19.
LA FRANCE EN ÉTAT D'URGENCE DURABLE…

Ah ! Qu'il parait loin le temps où lorsque les Français partaient à l'étranger, on les accueillait le sourire aux lèvres, en disant avec une pointe d'envie « Ah, la France quel pays formidable ! Vous en avez de la chance ! »

Aujourd'hui, en fait depuis quelques années, et a fortiori depuis la « révolte » des « gilets jaunes », puis les grèves contre la réforme indispensable des retraites, et, enfin, la « gestion » dramatique du début de la pandémie de Covid19, les sourires ont été remplacés par des mines tristes et inquiètes : « Oh, you are French, we are so worried about you ! ». Et très vite, la compassion est remplacée par une forme d'inquiétude teintée de colère : « mais qu'attendez-vous pour réagir ? Que font les dirigeants du pays pour moderniser votre économie ? »

Que ce soit, en Asie, en Afrique, en Amérique latine ou aux Etats-Unis et bien sûr en Europe, telles sont les remarques régulières que les Français, et votre serviteur par la même occasion, peuvent essuyer depuis quelques années.

Certes, comme je ne cesse de le répéter : de par ses paysages, son positionnement géographique, ses infrastructures routières, ferroviaires, maritimes et aéroportuaires, ses monuments, sa capitale et l'ensemble de ses villes et villages, la France est certainement l'un des plus beaux pays du monde.

Mais, malheureusement, ces atouts sont devenus des pièges. En effet, persuadés que grâce à ses avantages naturels et à son Histoire, la France ne pourra jamais tomber de son piédestal, de nombreux Français et quasiment tous leurs gouvernants ont refusé de voir la réalité en face et ont interdit la moindre réforme de fond. Que ce soit d'un point de vue économique, sociale, sociétale ou même sécuritaire.

Pour mieux faire avaler la pilule, la méthode Coué a été érigée en stratégie unique, espérant qu'à force d'annoncer que tout va bien, tout finira par aller bien. Ce déni de réalité a commencé en 1981. A l'époque, en pleine récession mondiale, les Mitterrand, Mauroy, Attali et consorts voulaient nous faire croire que tout irait mieux en augmentant massivement les dépenses et les dettes publiques. Quelle erreur stratégique !

Malheureusement, en dépit du bon sens, tous les dirigeants suivants ont continué dans cette même voie catastrophique. Si bien que la dette publique est passée de 20 % du PIB en 1980 à environ 100 % depuis 2017 et 125 % en 2020. Dans le même temps, la France est devenue numéro un mondial en matière de poids des prélèvements obligatoires et des dépenses publiques dans le PIB. Conséquence logique de cette « fuite en avant » autant inefficace que suicidaire, la croissance structurelle française est tombée de 2,5 % à 0,9 %. Quant au nombre de chômeurs, il a fortement augmenté, battant record sur record, avec fort heureusement quelques périodes d'accalmie temporaire.

Mais peu importe, on a continué de nous affirmer que tout allait bien. Depuis 2010, l'ingéniosité sémantique des dirigeants politiques français a même atteint des sommets. Tout a effectivement été essayé : « la crise est finie », « la reprise est là », « le chômage va fortement baisser » ou encore « ça va mieux ». Avec, pour seuls résultats : une croissance économique proche de 1 % et un chômage qui a certes légèrement baissé, mais reste l'un des plus élevés du monde développé.

Le pire est que cette culture des faux-semblants, du manque de courage et des contre-performances n'est pas l'apanage de l'économie. En effet, d'un point de vue social et sociétal, les mêmes erreurs ont été commises et les mêmes contre-vérités ont été diffusées. Depuis les années 1970, on a ainsi essayé de nous faire croire qu'en parquant certaines catégories de la population dans des cités HLM, mais bien sûr avec beaucoup d'aides publiques, la société française allait monter en grade, notamment grâce à un ascenseur social hors pair ! Que de mensonges et de gâchis !

Le pire est que malgré ces échecs cuisants, rien n'a changé, si ce n'est à la marge. Ainsi, alors que tous les pays européens ont réduit leurs dépenses publiques et leurs impôts, tout en modernisant leurs systèmes de retraite, la France n'est toujours pas parvenue à trouver le chemin du courage et du bon sens.

A tel point que, pour de plus en plus de Français désinformés, et malgré la catastrophe sanitaire que nous venons de connaître, la seule solution serait la lutte des classes et des grèves illimitées. Quel retour en arrière !

Ce climat délétère, voire anxiogène, qui prévaut actuellement va évidemment peser durablement à la baisse sur l'activité économique.

D'ailleurs, avant même la pandémie de Covid19, la France était déjà retombée dans la grève, le malaise social et plus globalement le désordre lors du mois de décembre 2019. Et ne nous y trompons pas, la réforme des retraites n'était qu'un prétexte. Le mal est bien plus profond : notre « belle France » est désormais menacée par une montée de la violence et par la volonté de casser notre modèle.

Autrement dit, pour ceux qui en doutent encore, la France serait bien l'un des derniers pays communistes de la planète, à côté de Cuba (qui a d'ailleurs commencé à changer de bord) et de la Corée du Nord, la Chine n'ayant de communiste que le nom et constituant certainement l'un des pays au monde où la recherche du profit est la plus forte.

Si cette analyse excessive peut susciter le rire, force est malheureusement de constater qu'elle n'est pas dénuée d'une certaine part de vérité. En effet, la France est un pays dans lequel le poids des dépenses publiques dans le PIB (en l'occurrence 56 %, avant évidemment la pandémie, qui pourrait faire monter ce ratio à 60 %) figure parmi les plus élevés du globe. Seuls certains « petits pays » font « mieux » que nous : les îles Kiribati, les Tuvalu, Nauru, la Libye, la Micronésie, et les îles Marshall. Un club « très select », dont l'appartenance n'est vraiment pas aisée...

Le pire est que la France se paie le luxe d'entretenir des dépenses publiques pharaoniques avec pour seuls résultats : une croissance molle, un chômage élevé, un accroissement des inégalités sociales et de la pauvreté. Certains diront alors que, justement, si ces dépenses n'étaient pas là, la situation serait encore plus dramatique. Et c'est justement là que la France commence à sombrer dans le communisme. Car, si pratiquer un laxisme budgétaire depuis trente ans sans résultats positifs peut, à la rigueur, se comprendre pour des raisons bassement politiciennes liées à la volonté des dirigeants politiques d'être élus ou réélus, vouloir encore augmenter la facture devient grotesque et surtout dangereux.

Or, trop peu de personnes en France osent demander la transformation de notre modèle étatiste hypertrophié en un système libéré avec moins de pressions fiscales, budgétaires et réglementaires et, pourquoi pas, un système de retraite modernisé et plus juste. Encore plus grave, au regard de certains sondages, de plus en plus de Français souhaitent engager un mouvement inverse. Camarades, le retour de l'URSS est proche ! En espérant qu'il ne s'agit là que d'une mauvaise blague, cela rappelle que le « toujours plus d'Etat » a la vie longue dans l'Hexagone en dépit de son inefficacité criante depuis trente ans.

Ces tentations vers les extrêmes montrent néanmoins l'ampleur du malaise social qui prévaut dans notre « douce France ». En effet, avec plus de 9,3 millions de personnes vivant sous le seuil de pauvreté, un revenu médian de 1 735 euros par mois et une augmentation des inégalités, la France apparaît particulièrement menacée par une crise sociale de grande envergure.

Si l'origine principale de ce mal-être réside évidemment dans la crise que traverse le pays depuis 2008, elle relève également de maux ancrés au plus profond de la culture française. En l'occurrence, la méconnaissance des mécanismes économiques, l'hypocrisie face à l'argent, le mépris de la réussite et, synthétisant le tout, la culture de la lutte des classes. Or, cette dernière est certainement le meilleur allié de la pauvreté puisqu'elle revient à figer la société, élevant les uns contre les autres dans un but stérile, voire destructeur.

Ainsi, lorsque certains extrémistes demandent aux Français de détruire notre système, qui n'est certes pas parfait mais que nous pouvons améliorer, ils ignorent ou feignent d'ignorer que ceux qui perdront le plus dans l'écroulement de ce dernier seront justement la classe moyenne qui a déjà payé un lourd tribut.

Plutôt que de sombrer dans le populisme et la démagogie, donc la facilité, il serait beaucoup plus opportun de se retrousser les manches, d'inciter au travail, à la réussite et à la montée dans l'échelle sociale. Car, il est clair qu'à force de vouloir tout casser et alimenter la lutte des classes, l'ascenseur social ne montera plus jamais.

Et c'est uniquement parce que j'ai grandi jusqu'à l'âge de 25 ans dans une cité HLM d'Orly, dans laquelle 85 % d'une classe d'âge n'avait pas le bac, que je me permets d'en parler. Seulement voilà, si j'ai réussi à m'en sortir, combien y sont restés ? Déjà tendue il y a trente ans, la situation de ces cités à travers la France a évidemment empiré. Pourquoi ? Tout simplement par manque d'espoir et de perspectives.

Aussi, pour sortir la France de sa lutte des classes viscérale et par là même de son immobilisme structurel, il n'y a qu'une seule solution : redonner de l'espoir à une population et à une jeunesse en mal de repères. Et cela ne passera certainement pas par une augmentation des dépenses publiques et des perfusions diverses et variées qui sclérosent la société. Comme diraient nos jeunes : « tout ça, c'est de la flûte ! »

Cela passera, au contraire, par la libération des énergies et de l'esprit d'initiative qui ne pourront s'opérer que par une réduction des pressions fiscales, réglementaires et budgétaires.

Pour y parvenir, il faudra également augmenter la culture économique des Français et sortir du vieux carcan anticapitaliste qui est malheureusement trop présent dans les manuels scolaires et ailleurs. Cela permettra notamment de faire comprendre aux jeunes et aux moins jeunes que si le système capitaliste n'est évidemment pas parfait, il est le seul capable de fonctionner, comme l'ont montré les échecs cuisants des autres expériences. Dès lors, ce n'est pas en le détruisant que l'on créera un monde meilleur, mais en améliorant son fonctionnement.

Si nous voulons sortir par le haut de la crise actuelle et éviter que la France sombre dans une révolution sociale, nous savons ce qui nous reste à faire. Mais si nous continuons de refuser de voir la réalité en face et que nous maintenons notre comportement dogmatique, alors la haine et la lutte des classes s'imposeront de plus en plus, ce qui finira par plonger la France dans un marasme sans nom, encore bien plus grave que celui lié à la pandémie de Covid19. Nous sommes prévenus.

La France, numéro un mondial des dépenses publiques.

	Dépenses publiques / PIB en %	
	En 2000	En 2019
France	51,7	56,0
Danemark	52,7	51,5
Allemagne	47,8	45,0
Grèce	46,4	48,0
Italie	46,6	49,0
Royaume-Uni	33,8	38,4
Etats-Unis	33,0	36,0

Sources : FMI, ACDEFI

Toujours plus d'impôts pour toujours moins de croissance.

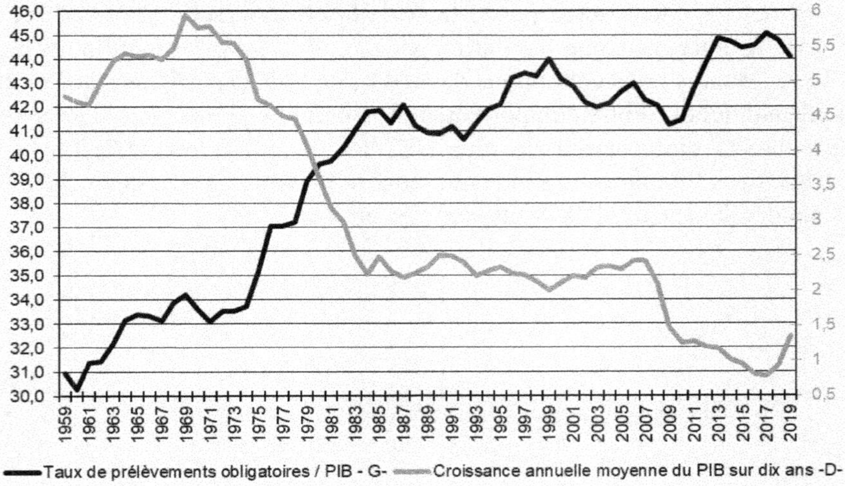

Sources : INSEE, ACDEFI

France : déficit public à 10 % du PIB et dette publique à 125 %.

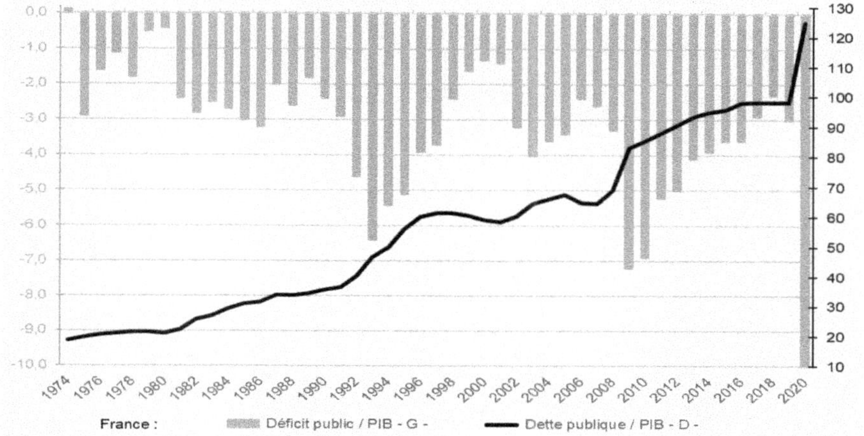

Sources : INSEE, Prévisions ACDEFI

Le taux de chômage des jeunes : un drame français.

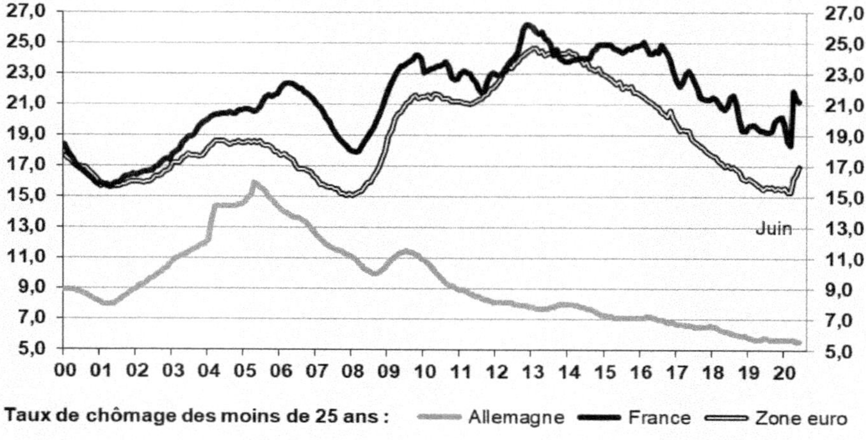

Sources : Eurostat, ACDEFI

EPISODE IV :

QUID DES POLITIQUES ÉCONOMIQUES ?

20.
Les banques centrales coincées dans leur propre piège.

Je l'ai souvent souligné depuis des années dans mes différents livres et publications : la politique économique, qu'elle soit monétaire ou budgétaire, doit être contracyclique. Cela signifie simplement que lorsque l'activité souffre, d'une part, les banques centrales doivent réduire fortement leurs taux directeurs, voire, lors de cas extrêmes, actionner la « planche à billets » et, d'autre part, les gouvernements doivent augmenter leurs dépenses publiques. C'est d'ailleurs ce qui a permis de sauver l'économie mondiale lors de la crise qui a suivi la faillite de Lehman Brothers en 2008-2009. A l'inverse, lorsque la croissance revient, il faut inverser la vapeur, de manière à pouvoir relancer la machine lors de la prochaine crise.

Le problème est que, depuis 2017, en dépit de l'amélioration de l'activité, les banques centrales et de trop nombreux Etats à travers la planète ont continué de mener une politique ultra-accommodante. Et ce, principalement pour faire plaisir aux marchés et/ou aux dirigeants politiques, alimentant par là même des bulles financières, que je n'ai cessé de dénoncer envers et contre tous, m'attirant parfois les foudres de certains.

Malheureusement, à présent que l'économie mondiale a vraiment besoin de l'action des banques centrales et des Etats, ceux-ci n'ont quasiment plus de cartouches dans leur besace. En effet, les taux d'intérêt des banques centrales sont déjà au plus bas ou presque, les déficits et les dettes publics ont flambé (excepté en Allemagne) et les « planches à billets » ont déjà été utilisées excessivement sans produire d'effets économiques positifs considérables.

Pour mémoire, rappelons que la « planche à billets » revient à créer de la monnaie ex-nihilo, c'est-à-dire sans création de richesses correspondantes. En temps normal, pour pouvoir créer de la monnaie, la banque centrale d'un pays doit disposer de compensations à l'actif de son bilan, en l'occurrence de l'or, des réserves de changes et des titres (notamment des obligations d'Etat). C'est ce que l'on appelle les « contreparties de la masse monétaire ». De la sorte, il existe une correspondance entre la monnaie en circulation et la réalité économique du pays. Cela permet notamment d'éviter les dérapages inflationnistes.

Bien différemment, lorsqu'une banque centrale actionne la « planche à billets », cela signifie qu'elle crée de la monnaie sans contreparties préalables. Elle imprime des billets « sur la base de rien ». Mieux, avec cette « monnaie de singe », la banque centrale monétise la dette publique, c'est-à-dire qu'elle finance directement le déficit public.

Cette stratégie comporte donc un triple avantage. Primo, l'Etat « éponge » son déficit gratuitement, donc sans faire appel aux investisseurs privés et/ou extérieurs. Secundo, comme l'Etat ne fait pas appel aux marchés obligataires, les taux d'intérêt restent bas, ce qui permet de faciliter le financement de l'investissement privé et de la consommation des ménages. Tertio, de par cet excès artificiel de liquidités, la devise du pays concerné se déprécie, soutenant par là même les exportations et la croissance du pays en question.

Le seul danger de cette stratégie est que la conséquence inévitable d'un excès de création monétaire est une inflation galopante. En effet, si la monnaie en circulation ne correspond pas à une création de richesses équivalente, la différence se traduit par davantage d'inflation : si les quantités ne s'ajustent pas, ce sont les prix qui le font. Cependant, il arrive parfois que cette « planche à billets » ne se traduise pas par un dérapage des prix. C'est notamment ce qui s'observe au Japon depuis les années 1990, mais aussi de 2010 à aujourd'hui dans l'ensemble des pays développés.

Certes, et fort heureusement, nous ne sommes plus dans le dogmatisme monétariste qui sévissait il y a plus de vingt ans aux Etats-Unis ou au Royaume-Uni et il y a encore quelques années dans la zone euro. Ainsi, un peu partout à travers la planète, les banques centrales sont davantage préoccupées par la faiblesse de la croissance que par les risques inflationnistes. De même, dans le contexte actuel de pandémie, il est tout à fait normal que les banques centrales agissent, voire sur-réagissent.

Pour autant, il faut être clair : dans la mesure où les banques centrales ont trop abusé de la « cocaïne monétaire », cette dernière n'a quasiment plus d'effet significatif sur l'activité économique. Elle permet tout juste de calmer la douleur, mais n'a pas les moyens de guérir le malade. En effet, en inondant les marchés de liquidités depuis quelques années, les banques centrales ont entraîné le monde dans une dangereuse « trappe à liquidités ».

Cette dernière se caractérise par quatre composantes principales : des taux monétaires proches de zéro, une abondance de liquidités, mais une inflation modeste et une croissance économique faible, voire une situation de déflation-récession. Cette inefficacité de la politique monétaire s'explique principalement par le fait que les agents économiques n'ont pas confiance dans l'avenir et limitent par là-même leurs dépenses d'investissement et de consommation.

D'ailleurs, ce qui frappe dans le comportement récent des principaux banquiers centraux de la planète, que ce soit avant ou après le Coronavirus, est certainement leur grand désarroi. En effet, qu'il s'agisse de Jerome Powell aux Etats-Unis, de Mario Draghi, puis de Christine Lagarde dans la zone euro ou encore d'Haruhiko Kuroda au Japon, leurs récentes décisions et déclarations (depuis un an jusqu'à dernièrement) montrent qu'ils ne semblent pas savoir où ils vont et surtout là où ils veulent nous mener.

Ils ne font en fait que payer la facture de leurs erreurs passées. Car, la mission des banquiers centraux n'est pas de faire plaisir aux marchés ou aux dirigeants politiques, mais d'agir lorsque l'on a vraiment besoin d'eux. Quel dommage qu'ils ne le comprennent qu'aujourd'hui, en pleine crise...

Les banques centrales ne lésinent pas sur les moyens.

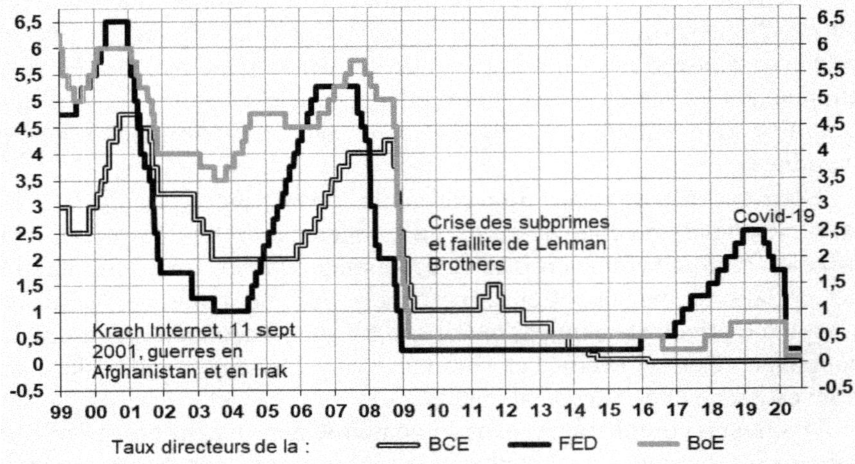

Sources : BCE, Federal Reserve, Bank of England, ACDEFI

La BCE est tombée dans une dangereuse « trappe à liquidités ».

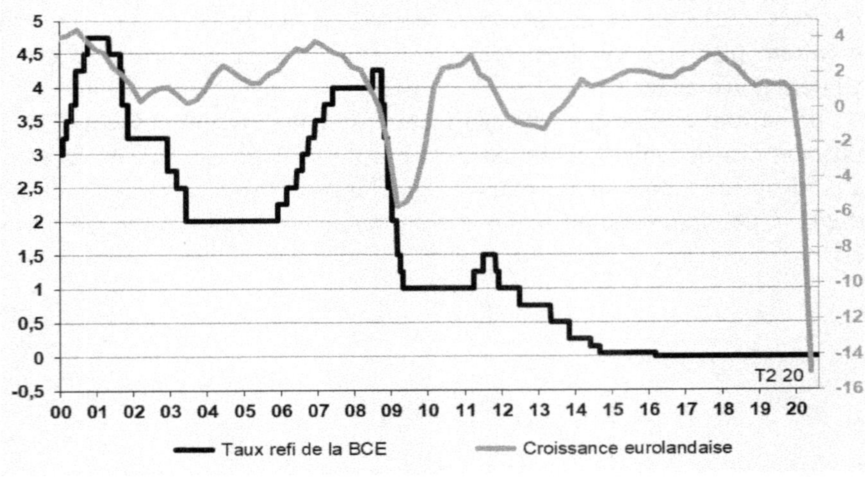

Sources : Eurostat, BCE, ACDEFI

21.
COVID-19 ET DÉPENSES PUBLIQUES : LIAISONS DANGEREUSES...

C'est malheureusement humain : après chaque catastrophe, on cherche des coupables à tous nos maux, et bien souvent, il s'agit de boucs-émissaires, faciles à trouver mais souvent loin de la vérité. En France en particulier, le coupable est presque toujours le même : le manque de dépenses publiques. Ainsi, que ce soit après les dramatiques attentats de 2015, la crise sociétale des « gilets jaunes » et plus dernièrement la pandémie meurtrière de Coronavirus, le consensus bien-pensant n'a cessé d'avancer qu'avec plus de dépenses publiques, ces catastrophes auraient pu être évitées…

Récemment, un ancien ministre français de l'économie, précisément Arnaud Montebourg, a même annoncé que les « morts dans nos hôpitaux » étaient dus à l'austérité et au développement de l'ultra-libéralisme, oubliant évidemment de souligner qu'il était justement dans le gouvernement qui a décidé de ne pas renouveler les stocks de masques en 2013...

Quelle supercherie et quel manque d'honnêteté ! Le pire est que si, à la rigueur, la France s'était engagée dans un vrai mouvement d'austérité et d'ultra-libéralisme, on pourrait éventuellement accorder quelques crédits à ces sornettes. Mais, en réalité, il n'en est rien.

Et pour cause : depuis la seconde guerre mondiale, les dépenses publiques en valeur n'ont jamais baissé en France. De 2000 à 2019, leur poids dans le PIB français est passé de 51 % à plus de 56 %. A titre de comparaison, celui de l'Allemagne a diminué de 48 % à 44 %. Encore mieux, ou plutôt encore pire, comme nous l'avons souligné précédemment, la France est devenue numéro un mondial pour le poids de ses dépenses publiques dans le PIB (à l'exception de cinq petites îles dans le Pacifique et de la Libye qui font « mieux » que nous). Même les pays scandinaves, qui étaient précédemment les champions en la matière, ont compris que l'augmentation des dépenses publiques n'était pas un gage de réussite. Le premier d'entre eux est désormais la Finlande, avec un niveau de 53 %, soit environ 3 points de moins qu'en France.

Mais ce n'est pas tout, puisque la France est aussi numéro un mondial des dépenses sociales, qui représentent 31,2 % de son PIB, contre 25 % en Allemagne et une moyenne de 20 % pour l'ensemble des pays de l'OCDE.

Enfin, en matière de dépenses de santé, l'Hexagone est numéro 3 mondial, avec un niveau de 11,2 % de son PIB, à égalité avec l'Allemagne, derrière les Etats-Unis (16,9 %) et la Suisse (12,2 %). Notons que si l'on ne regarde que les dépenses publiques ou obligatoires de santé, la France repasse numéro 2, avec un niveau de 9,5 % du PIB, également comme en Allemagne, contre 14,2 % aux Etats-Unis mais 7,8 % en Suisse. A titre de comparaison, les niveaux moyens des pays de l'OCDE pour ces deux mesures des dépenses de santé sont de 8,8 % et 6,2 %.

Autrement dit, au regard de ces chiffres officiels de l'OCDE, il est fallacieux, démagogique et populiste d'avancer que la France est un pays en austérité et qui aurait sacrifié ses dépenses sociales et sanitaires sur l'autel de l'ultra-libéralisme.

D'ailleurs, n'oublions pas que ces dépenses substantielles ont un coût tout aussi pharaonique, en l'occurrence celui des prélèvements obligatoires (c'est-à-dire des impôts et taxes) qui, rapportés au PIB, placent également la France au premier rang mondial.

Le fait qu'un ancien ministre de l'économie, mais aussi de nombreuses personnalités politiques ou encore journalistiques et même de nombreux économistes osent dire que la France est un pays ultra-libéral alors qu'il est numéro un mondial des dépenses publiques et de la pression fiscale donne une idée de l'inculture économique qui prévaut dans notre beau pays.

En ce qui me concerne, je n'ai eu de cesse de souligner l'importance déterminante des dépenses publiques dans une économie développée telle que la France. Celles-ci sont effectivement indispensables pour assurer la stabilité sociale et sociétale, mais aussi la sécurité et la bonne santé des citoyens, conditions *sine qua non* pour permettre une croissance solide et sereine.

En d'autres termes, le drame de la France n'est pas le manque de dépenses publiques, mais la faible efficacité de ces dernières. Ce qui est inacceptable c'est que notre « douce France » soit « en même temps » le pays qui a les dépenses publiques et les impôts les plus élevés, mais aussi l'un des taux de mortalité lié au Covid-19 le plus fort.

Au 20 juillet 2020, le nombre de morts emportés par ce virus pour 100 000 d'habitants atteint ainsi 44,9 en France, soit le neuvième rang mondial, juste derrière l'Italie et le Chili à respectivement 56,4 et 47,8 décès pour 100 000 habitants. Les taux de mortalité les plus élevés sont observés à Saint-Marin et en Belgique (à respectivement 125,2 et 85,3 décès pour 100 000 habitants). Bien loin de ces tristes résultats, on recense 11,3 décès pour 100 000 habitants en Allemagne, alors que, rappelons-le, le ratio dépenses publiques/PIB outre-Rhin est 12 points inférieur à celui qui prévaut dans l'Hexagone… Encore une preuve, s'il en fallait, qu'augmenter les dépenses publiques est loin d'être la panacée…

Le plus triste c'est qu'en dépit de cet échec cuisant, l'Etat français est aujourd'hui contraint d'accroître encore massivement ses dépenses et sa dette. Evidemment, lorsque l'incendie fait rage, il est normal de tout faire pour l'éteindre. Mais, attention, en France, dans la mesure où les dépenses publiques n'ont jamais baissé, il est à craindre que celles-ci auront encore du mal à reculer après la crise. D'où une inévitable nouvelle augmentation des impôts…

En outre, partant déjà de 100 % du PIB avant la pandémie, la dette publique va encore flamber, atteignant certainement de nouveaux sommets historiques d'au moins 125 %. Dans ce cadre, même avec le soutien de la BCE, les taux d'intérêt des obligations de l'Etat français vont finir par augmenter significativement, cassant par là même le rebond de croissance qui devrait avoir lieu après la pandémie. Peut-être qu'alors, certains oseront encore appeler à une augmentation des dépenses publiques… Quelle tristesse ! Si tel est le cas, cela signifiera que le « CoronaReset » n'aura absolument par permis de tirer les leçons des erreurs du passé pour ne pas les rééditer.

22.
Relances budgétaires pharaoniques : qui va payer ?

Il est vrai que cela peut apparaître très déconcertant : il y a encore quelques mois, les Etats surendettés, à commencer par celui de la France, répétaient, à juste titre, qu'il n'était plus possible d'augmenter davantage la dette publique, notamment pour éviter aux générations futures de payer une facture extrêmement salée. Or, avec la pandémie, le confinement et la récession qui en a suivi, comme par magie, tous les Etats de la planète ont annoncé des plans de relance pharaoniques. Les montants de ces derniers ont de quoi donner le vertige : 108.000 milliards de yens au Japon, 2 000 milliards de dollars aux Etats-Unis, 750 milliards d'euros pour l'Union européenne ou encore 560 milliards d'euros en France. Et ce, sans parler des montants tout aussi extravagants des « planches à billets » des banques centrales : au minimum 1 500 milliards de dollars pour la Fed et 1 000 milliards d'euros pour la BCE, qui viennent s'ajouter aux « planches à billets » déjà pléthoriques des années précédentes de respectivement 4 000 milliards de dollars et 3 000 milliards d'euros.

Certes, compte tenu de l'ampleur dramatique de la pandémie et de la dépression mondiale qui a commencé, cette débauche de moyens semble justifiée : lorsque la maison brûle, il faut tout faire pour éteindre l'incendie. Pour autant, face à cette valse des milliards, ou plutôt des trilliards, deux questions à la fois simples et lourdes de conséquences s'imposent : d'où vient l'argent et qui va payer ? La réponse à la première interrogation est claire : ces milliards ne sont pas tombés du ciel, mais viennent simplement alourdir une dette publique déjà stratosphérique.

Et c'est là que le bât blesse. Car, avant même la crise actuelle, le poids de la dette publique dans le PIB de la grande majorité des pays développés était déjà dramatiquement élevé : 238 % au Japon, 180 % en Grèce, 138 % en Italie, 106 % aux Etats-Unis, 100 % en France, 99 % en Espagne et 86 % pour l'ensemble de la zone euro.

Au sein de cette dernière, seuls cinq pays se distinguent par la relative faiblesse de leur ratio dette publique/PIB : l'Irlande (avec 63 %), la Finlande (60 %), l'Allemagne (58 %), les Pays-Bas (50 %) et le Luxembourg (20 %). Ces disparités au sein de la zone euro expliquent d'ailleurs pourquoi les fameux « Coronabonds », c'est-à-dire des obligations émises par l'UEM dans son ensemble et non pas Etat par Etat, n'ont pas réussi à voir le jour.

Toujours est-il que les faits sont là : déjà extrêmement élevées avant la pandémie, les dettes publiques vont encore exploser au cours des prochains mois. De plus, dans la mesure où le PIB baisse fortement, cela signifie que les ratios Dette publique / PIB vont mécaniquement atteindre des niveaux démentiels d'ici la fin 2020 : 260 % au Japon, 205 % en Grèce, 170 % en Italie, 125 % en France et 110 % pour l'ensemble de l'UEM.

D'où notre deuxième question toujours sans réponse : qui va payer ? En fait, il existe quatre réponses possibles, qui peuvent d'ailleurs se cumuler. La meilleure consisterait en un retour rapide de la croissance forte. En effet, n'oublions pas qu'une dette publique élevée n'est pas forcément catastrophique, si et seulement si elle est soutenable, c'est-à-dire qu'elle génère une croissance suffisamment forte pour payer au moins les échéances de la dette. Le problème est que pour le moment et dans le contexte actuel de récession, rares sont les pays qui paraissent susceptibles d'y parvenir. Pour mémoire, rappelons que la France n'y est jamais parvenue depuis 2007.

D'où une deuxième réponse palliative : l'augmentation de l'inflation. L'Histoire a effectivement montré que, très souvent, une forte inflation permettait de payer la dette de façon quasiment indolore. Il y a néanmoins deux problèmes. D'une part, on ne peut pas décréter l'inflation. D'autre part, si l'inflation augmente trop fortement alors que la récession et le chômage élevé persistent, les revenus ne pourront suivre, ce qui aggravera la récession, donc le chômage, les déficits et la dette…

C'est pourquoi, certains Etats pourraient choisir une troisième solution, qui a d'ailleurs quasiment toujours été utilisée, en particulier en France, en l'occurrence l'augmentation des impôts. Le premier ministre et le Président français ont beau claironner qu'il n'en sera rien, peut-on raisonnablement les croire ? D'ores et déjà, les suppressions de la CRDS et de la taxe d'habitation qui étaient prévues cette année ont été reportées *sine die*. Le drame est que la France étant déjà numéro un mondial de la pression fiscale, accroître encore cette dernière reviendra à casser davantage la croissance, ce qui réduira l'assiette fiscale, dont accroîtra les déficits et la dette.

C'est alors qu'une quatrième solution semble faire l'unanimité : l'annulation de la dette. C'est d'ailleurs ce qu'ont fait tous les pays surendettés et/ou en défaut de paiement à travers l'Histoire. Evidemment, il ne faudrait pas annuler la dette publique détenue par les épargnants, sinon cela susciterait l'effondrement du système. D'où l'idée « géniale » de ne supprimer que la dette publique détenue par les banques centrales. Pour la simple raison qu'en théorie, une banque centrale ne peut pas faire faillite.

Mais là aussi trois problèmes surviennent. Primo, il y a souvent un fossé entre la pratique et la théorie. Ainsi, les statuts des banques centrales des pays développés, et en particulier ceux de la BCE, interdisent une telle annulation. Et il paraît très peu probable que l'on puisse changer rapidement cette règle de base, par ailleurs indispensable à l'indépendance des instituts d'émission.

Secundo, à compter que l'on puisse passer par miracle ce premier obstacle, il n'est pas certain que la zone euro, déjà particulièrement bancale, puisse survivre à l'annulation des dettes détenues par la BCE, surtout parce que cela créera une distorsion entre les Etats « sérieux » et les autres.

Tertio, cette stratégie est un fusil à un coup. Cela signifie qu'après avoir annulé les dettes d'un Etat ou d'une somme d'Etats, ceux-ci perdront durablement en crédibilité. Dès lors, une phase de remontée massive des taux d'intérêt des obligations se produirait, ce qui aggraverait la récession, augmenterait le chômage, suscitant une nouvelle flambée des déficits et des dettes, sans parler des risques financiers, sociaux et sociétaux qui en découleraient.

En conclusion, à l'exception de la première solution, les trois autres engendreraient des dégâts collatéraux considérables et certainement destructeurs. Dans ce cadre, il nous faut une fois encore rappeler le bon sens : augmenter les dettes publiques, oui, mais pas seulement pour éteindre l'incendie, cela doit aussi favoriser l'investissement, l'innovation et, *in fine*, le retour de la croissance forte. La solution existe donc, reste à savoir si, pour une fois, nos dirigeants auront l'intelligence de la mettre en musique.

Avant même le Covid19, les dettes publiques étaient déjà énormes.

	En 2019 :	Dette publique en % PIB		En 2019 :	Dette publique en % PIB
1	Japon	238	9	Barbade	116
2	Soudan	207	10	Singapour	114
3	Grèce	178	11	Mozambique	109
4	Érythrée	165	12	Bhoutan	109
5	Liban	160	13	Etats-Unis	106
6	Italie	135	14	Bahreïn	102
7	Cap Vert	125	15	Belgique	101
8	Portugal	117	16	France	99

Sources : Eurostat, Prévisions ACDEFI

La France « shootée » à la dette publique.

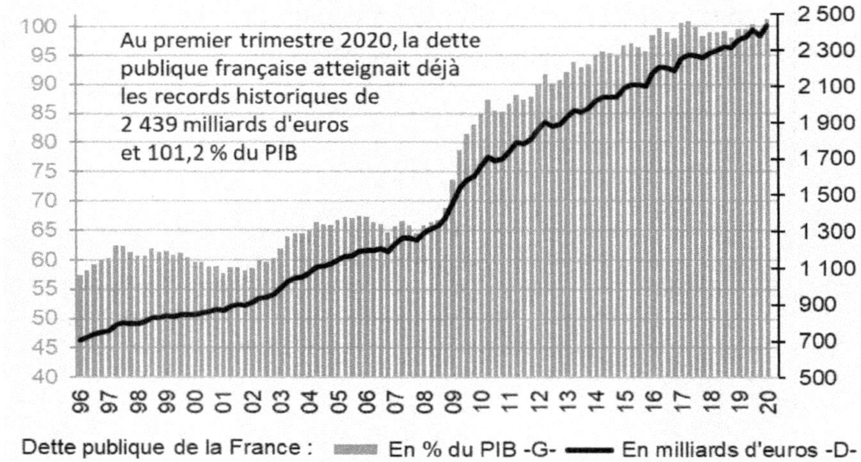

Sources : INSEE, ACDEFI

La pandémie suscitera des dettes publiques stratosphériques.

	Ratio Dette publique / PIB en %	
	Fin 2019	Fin 2020
Grèce	177	205
Italie	135	170
Portugal	118	150
Espagne	96	130
Belgique	99	125
France	98	125
Zone Euro	84	110
Allemagne	60	80
Finlande	59	80
Irlande	59	75
Pays-Bas	49	65
Luxembourg	22	35

Sources : Eurostat, Prévisions ACDEFI

France : plus la dette flambe, plus la croissance flanche...

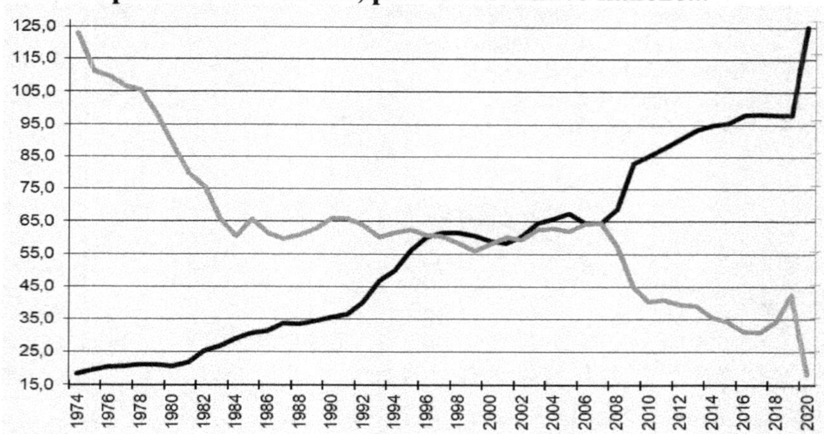

Sources : INSEE, Prévisions ACDEFI

23.
ET LE FINANCEMENT DES RETRAITES DANS TOUT ÇA ?

Au regard de la contestation montante en France (en dépit du Covid19) et du report de la réforme des retraites par le gouvernement Castex, une question s'impose : arriverons-nous un jour à moderniser le système des retraites à la française ? Rappelons-nous effectivement que le premier livre blanc sur ces dernières date de 1974. À l'époque, on alertait déjà sur la situation dangereuse qui s'imposerait lorsque le « baby-boom » de l'après-guerre deviendrait le « papy-boom ». « Dans les années 2010 », disait-on à l'époque, et cela paraissait bien loin. Jusqu'en 2000, une vingtaine de rapports gouvernementaux sur ce sujet furent rédigés, mais avec quasiment les mêmes conséquences, c'est-à-dire le statu quo. Les grèves et l'échec cuisant de la réforme de 1995 n'ont fait d'ailleurs que renforcer ce dernier.

En fait, il a fallu attendre 2003 pour qu'une réformette des retraites soit enfin engagée. Appelée « loi Fillon », du nom du ministre du Travail de l'époque, cette loi était censée tout résoudre. Pourtant, pour boucler son modèle de financement, elle tablait sur deux hypothèses hasardeuses : une croissance économique de 3 % par an et un taux de chômage stabilisé autour des 4,5 %.

Bien entendu, ces prévisions n'ont jamais été vérifiées. Et pour cause : les niveaux structurels de la croissance et du taux de chômage de la France étaient déjà et restent encore de respectivement 1 % et 8,5 %. Autrement dit, cette réformette des retraites tout comme celle de 2010, n'ont absolument pas permis de résoudre le problème.

Pourtant, il faut être clair et comprendre l'ampleur des dégâts passés et à venir : dans la mesure où le financement du système de retraite par répartition consiste à faire payer les actuels retraités par les actifs d'aujourd'hui, il s'agit ni plus ni moins d'un système Madoff à l'échelle hexagonale. Evidemment, lorsque l'on comptait 3,14 actifs pour un retraité (c'est-à-dire depuis l'après seconde guerre mondiale jusqu'au début des années 1970), ce « système Ponzi » ne posait aucun réel problème. Seulement voilà, actuellement, on ne recense plus qu'environ 1,4 actif pour un retraité et le ratio va empirer au cours des prochaines décennies. Autrement dit, à l'instar du système Madoff qui s'est effondré lorsque les nouveaux cotisants n'étaient plus suffisamment nombreux pour payer les anciens, le système de retraite par répartition à la française est voué à l'explosion. Souligner une telle réalité ne relève pas de la politique, ni même de l'économie, mais tout simplement de la mathématique.

De plus, les retraités représentent actuellement environ 24 % de la population française et n'ont jamais été aussi nombreux.

A cet égard, il faut rappeler que la nécessité de réformer la retraite française par répartition est liée à une excellente nouvelle : nous vivons de plus en plus longtemps. En France, dans les années 1950, l'espérance de vie était effectivement de 65 ans pour un homme et 70 ans pour une femme. Or, à l'époque, l'âge moyen de départ à la retraite était de… 65 ans.

« Préparer » sa retraite ne servait donc pas à grand-chose puisque cette dernière était particulièrement courte. Aujourd'hui, la situation a heureusement bien changé : dans notre « douce France », l'espérance de vie est de 80 ans pour un homme et de 85 ans pour une femme. Dans le même temps, l'âge moyen de départ à la retraite a reculé pour atteindre 62 ans et demi.

Ainsi, la durée de vie moyenne à la retraite est actuellement d'environ 22 ans, contre 2 ans dans les années 1950, 10 ans dans les années 1980 et 15 ans dans les années 1990.

Conséquence logique de ce progrès social, le financement de la retraite coûte de plus en plus cher, en particulier en France, qui reste le pays le plus généreux en la matière. Selon le Conseil d'Orientation des Retraites (COR), plus de 320 milliards d'euros, soit environ 14 % du PIB, sont consacrés chaque année au financement des retraites, contre 10 % en Allemagne et une moyenne de 7,5 % pour l'ensemble des pays de l'OCDE. En outre, la hausse du nombre de retraités va considérablement s'accélérer à partir de 2035. De 16,3 millions en 2019, leur nombre devrait dépasser la barre des 22 millions en 2050.

Pourtant, en dépit d'une telle évidence, une grande majorité des Français, du moins selon les sondages, continue de vouloir maintenir le statu quo. Chacun y va de son argument. Pour les uns, la retraite à 62 ans est un acquis social qu'il est impensable de casser ; pour d'autres, il suffit de créer un nouvel impôt pour tout résoudre (encore un…). Le pire est que les prévisions avancées par le COR restent excessivement optimistes !

En effet, celui-ci pense que le taux de chômage français va tendre progressivement vers 5 % ou, au pire des cas, vers 7 %, tout en imaginant que la productivité croîtra de 1,8 % par an, contre moins de 1 % depuis quinze ans. Et même selon ces hypothèses dignes d'un conte de Noël, les déficits annuels des retraites prévus par le COR avoisineraient les 11 milliards d'euros dès 2020.

Face à la « CoronaRécession », le COR a évidemment déjà révisé à la hausse sa prévision de déficit à 30 milliards d'euros en 2020, ce qui rappelle combien une réforme de la retraite est indispensable.

En outre, il ne faut pas oublier qu'il s'agit là de déficits annuels qui se cumuleront dans le temps et pourront avoisiner les 1 500 milliards (dans le meilleur des cas) d'ici 2050. Or, la dette publique atteint déjà plus de 2 500 milliards d'euros et va encore augmenter, indépendamment des déficits des retraites.

Il est donc clair que, si la question du financement des retraites n'est pas résolue au plus vite, la dette publique française flambera encore nettement et que, ce faisant, le retour apparent d'une certaine crédibilité de la France sera vite inversé, ce qui finira par entraîner une dégradation massive de la note de la dette publique française. D'où, même si personne ne veut y croire actuellement, une inévitable augmentation des taux d'intérêt des obligations d'Etat, impliquant moins de croissance, plus de déficits, plus de trous des retraites et de la sécu…

En outre, n'oublions pas que les caisses de retraites détiennent énormément d'obligations d'Etat en portefeuille. Avec le dégonflement à venir de la bulle obligataire, donc la remontée des taux d'intérêt de ces mêmes obligations, les cours de ces dernières vont baisser, réduisant la valeur des actifs des caisses de retraites et compromettant davantage leur capacité de paiement des pensions.

Le pire est que, compte tenu des grèves passées et potentielles, la énième réforme des retraites a déjà été réduite au « minimum syndical » et pourrait même être décalée à la « Saint Glin-Glin ». Oubliée donc l'harmonisation des 35 régimes de retraites, et a fortiori l'augmentation de la durée de cotisation. Autrement dit et une fois encore, beaucoup de bruit et de marketing pour pas grand-chose.

En fait, pour résoudre définitivement le problème, il faudrait avant tout consacrer une plus grande responsabilisation des Français face à leur retraite et engager une véritable harmonisation de l'ensemble des systèmes. Chaque Français devrait notamment connaître officiellement et chaque année le montant de ses cotisations retraites, ainsi que le montant des prestations retraites auxquelles elles lui donnent droit.

Ensuite, chacun pourra choisir : partir tard ou tôt à la retraite et, en fonction de son choix, recevoir plus ou moins de pensions. Dans le même temps, il faudra forcément soutenir le système par répartition avec une retraite par capitalisation qui permettra aux retraités de toucher l'ensemble des sommes collectées pendant leur vie active, soit d'un seul coup, soit sous forme de rente.

Les deux mots clés du sauvetage de la retraite française sont donc « responsabilité » et « liberté ». Chaque individu est capable de comprendre que s'il vit plus longtemps (et c'est tant mieux), il doit forcément cotiser plus pour garder le même niveau de prestations retraites qu'avant. Les Allemands, les Anglais, les Italiens et beaucoup d'autres à travers le monde l'ont compris, il n'y a pas de raison que les Français n'y parviennent pas.

Et, de ce point de vue-là, la crise du Covid19 ne se traduira pas par une amélioration mais par une détérioration, voire un retour en arrière particulièrement coûteux, tant en termes financiers qu'en matière de crédibilité de la France à engager des réformes indispensables au sauvetage de son modèle social.

24.
SORTIE DE CRISE : C'EST QUOI LE BON PLAN ?

En déclarant devant l'Assemblée Nationale lors de son discours de politique générale : « Je crois en la croissance écologique, pas en la décroissance verte », Jean Castex a clairement adhéré aux idées que je défends (avec d'autres, fort heureusement) depuis des années. Le 19 juin, j'intitulais d'ailleurs mon « Humeur » de la semaine : « La décroissance non ! La croissance écologique oui ! » Bien entendu, je ne demanderai pas de copyright à notre nouveau Premier ministre.

Pour autant, dans la mesure où les paroles n'engagent que ceux qui y croient, nous pouvons lui demander qu'au contraire de la très grande majorité de ses prédécesseurs, il réussisse à joindre l'acte à la parole. Et c'est malheureusement bien là que le bât blesse. Car, comme cela s'observe depuis des décennies dans notre beau pays, les mesures et la valse des milliards annoncées risquent surtout de servir à colmater les brèches. Bien sûr, compte tenu de l'ampleur des dégâts économiques et sociaux, il est indispensable de réagir, notamment en limitant l'augmentation massive du chômage, qui a d'ailleurs déjà commencé.

Néanmoins, le « bon plan » de relance ne doit pas se contenter de distribuer des aides en espérant que le pire sera évité. Non, un plan de relance efficace est celui qui inscrit la France dans une dynamique d'investissement et d'innovation sur le long terme. Et soyons honnêtes, ce n'est pas la « création rapide d'un haut-commissariat général au plan » qui va permettre de remplir cette mission. Une fois encore le risque est grand de voir toutes les bonnes intentions du nouveau Premier ministre ne pas dépasser le stade du marketing.

Et pour cause : préparer l'avenir avec une institution qui a été créée en 1946 et dissoute en 2006 relève plus de l'oxymore que de l'idée géniale. En effet, à quoi bon (ré)activer une nouvelle institution publique, avec tous les coûts et les dysfonctionnements que cela engendrera inévitablement, alors que les mesures pour redorer le blason de notre économie, pour lui redonner sa capacité à innover et enfin pour relancer la confiance des entreprises et des ménages, sont à la fois déjà connues et couronnées de succès dans de nombreux pays développés, à commencer par notre voisin allemand. Le « bon plan » consisterait donc à mettre en place une « thérapie de choc bienveillante ».

Et non, cette fois-ci, en dépit des apparences, une « thérapie de choc bienveillante » n'est pas un oxymore. C'est d'ailleurs ce que je préconise depuis des années pour sauver notre « douce France ». En effet, la rigueur bête et méchante n'a pas de sens économique. A l'instar de ce qui s'est observé en Argentine au début des années 2000 ou en Grèce en 2010-2015, une telle stratégie est, par construction, vouée à l'échec, notamment parce qu'elle produira inévitablement une grogne sociale massive, voire une crise sociétale dramatique. Et ce, a fortiori dans un contexte de pandémie.

Voilà pourquoi à côté des mesures indispensables de la réduction des dépenses publiques (qui, rappelons-le représenteront au moins 60 % du PIB en 2020), il faudra également ajouter de la « confiture pour faire passer la pilule », notamment en améliorant les revenus des ménages. Mais surtout, ne nous leurrons pas : si rien ne change, la France restera condamnée à la croissance molle et au chômage élevé.

Est-ce cela le modèle social français ? Et souligner une telle question n'est pas de la « déclinologie » ou du « french bashing », mais simplement la mise en avant d'une réalité économique. Pour sortir de cette léthargie structurelle, il faudra donc dépasser la peur du Covid19 et engager de vraies réformes courageuses mais aussi judicieuses. Voici donc les cinq mesures à prendre d'urgence pour sauver la France :

1. Baisser la pression fiscale pour tous, les entreprises (la réduction de 20 milliards d'euros des impôts de production annoncée par le gouvernement est évidemment une bonne nouvelle) et les ménages, de façon claire, notamment en réduisant le taux de l'impôt sur les sociétés (vers les 20 %) et la CSG, qui, souvenons-nous, était un impôt temporaire créé en 1991… En abaissant cette taxe généralisée (c'est-à-dire que tout le monde paie) de 3 points, cela produira un coup de pouce de pouvoir d'achat de 35 milliards d'euros pour tous les Français. Par la même occasion, cela créera un boom de confiance, qui pourra faire accepter plus facilement la baisse de la dépense publique, qui constitue notre deuxième mesure phare.

2. Optimiser la dépense publique, en réduisant les dépenses de fonctionnement. Car attention, baisser les dépenses d'investissement et/ou de santé serait contre-productif. Il faut au contraire s'attaquer aux dépenses de fonctionnement (le fameux mille-feuilles administratif) qui ont augmenté de 120 milliards d'euros au cours des douze dernières années. Si un tel dérapage ne s'était pas produit, le poids des dépenses publiques serait ainsi de 50 % du PIB.

Autrement dit, réduire la dépense publique ne signifie pas rogner sur les missions de service public mais améliorer et optimiser ce dernier. La dépense publique deviendra alors plus féconde en création de richesses, ce qui permettra de faire baisser automatiquement le ratio dépenses publiques / PIB, via une réduction opportune du numérateur et une augmentation du dénominateur…

3. A côté de la réduction des impôts pour tous et de l'optimisation des dépenses publiques, il sera également indispensable de réduire le coût du travail, non pas évidemment en abaissant les salaires, mais en réduisant d'au moins 15 % les charges qui pèsent sur ces derniers. Cela permettra alors d'augmenter les salaires nets et donc d'améliorer le pouvoir d'achat des ménages. De quoi là aussi relancer la confiance des Français dans la politique économique nationale. Pour y parvenir, il sera possible de transférer une partie des charges qui pèsent sur les salaires vers la TVA, mais, attention, sans augmenter le taux de cette dernière. Car sinon cela viendrait grever le pouvoir d'achat et amoindrir la confiance.

Parallèlement, toujours dans un souci d'améliorer le pouvoir d'achat des Français et tant que la pandémie ne sera pas terminée, il serait opportun de permettre le déblocage exceptionnel de l'épargne salariale sans motif, ainsi que le retrait de 50 000 euros des contrats d'assurance-vie non dénoués avec une fiscalité avantageuse et enfin de favoriser la donation défiscalisée des sommes d'argent jusqu'à 50 000 euros entre ascendants et descendants (parents aux enfants, grands-parents aux petits enfants) au moins jusqu'au 31 décembre 2021.

4. Pour parfaire ces trois évolutions indispensables, la France devra également moderniser son marché du travail. Cela passera notamment par les mesures suivantes : 1. Simplifier drastiquement le code du travail. 2. Réduire les contraintes à l'embauche et au licenciement. 3. Limiter la période d'indemnisation du chômage à un an. 4. Permettre à chaque salarié de choisir son type d'assurance chômage et les cotisations qui

pèsent sur le salaire en conséquence. 5. Créer un contrat de travail unique. 6. Améliorer les correspondances entre les formations scolaires et universitaires et les besoins des entreprises. 7. Développer les formations efficaces tout au long de la vie professionnelle. 8. Favoriser la mobilité géographique et sectorielle. 9. Supprimer le caractère obligatoire des 35 heures. 10. Permettre aux salariés de choisir leur temps de travail et d'être payés en conséquence. 11. Libérer les heures et les jours d'ouverture des magasins, y compris le dimanche, avec compensations salariales. 12. Donner le choix aux fonctionnaires entre « sécurité de l'emploi et moindre salaire » versus « fin de l'emploi à vie et salaire augmenté ». 13. Créer une meilleure correspondance entre le travail effectué et la rémunération. 14. Accroître la part variable du salaire.

5. Enfin, dans cette France modernisée, il faudra également favoriser le financement des entreprises et de l'innovation, notamment en assouplissant les règles prudentielles qui pèsent sur les banques et en facilitant la création de fonds d'investissement.

Ces mesures ne sont pas ultra-libérales, ni destructrices, mais simplement de bon sens économique. Et si les Français ne les acceptent pas, alors il faudra se résoudre à un taux de chômage supérieur à 12 % pendant encore des décennies, un taux de chômage des moins de vingt-cinq ans qui dépassera durablement les 25 % et condamnera trop de jeunes à la précarité et à l'instabilité sociétale.

Regardons la réalité en face : si autant de jeunes choisissent l'extrémisme (quel qu'il soit), c'est avant tout parce qu'ils n'ont pas d'espoir. Espoir de trouver un emploi motivant, de monter dans l'échelle sociale, de bien gagner sa vie honnêtement et sans avoir recours à des aides. Or, sans espoir, pas de croissance, donc pas d'emploi et le cercle pernicieux continue…

Est-ce là l'héritage que notre génération veut laisser ? Surtout pas. Alors, s'il vous plaît, Mesdames et Messieurs les dirigeants du pays, cessez de faire comme vos prédécesseurs, en vous contentant de colmater les brèches et de faire du marketing. Ayez enfin le courage d'engager la France sur le chemin des réformes structurelles et de la modernité économique.

C'est aussi à cela que doit « servir » la crise que nous sommes en train de traverser.

EPISODE V :

MARCHÉS FINANCIERS : VERS MOINS D'EXUBÉRANCE ?

25.
LES BULLES EXPLOSENT EN MÊME TEMPS.

Lorsqu'au début 2020, j'annonçais que le Cac 40 pouvait descendre à 4 800, voire 4 500 lors de l'éclatement prochain de la bulle, on me riait souvent au nez.

Et pourtant, au plus fort du « CoronaKrach », il est tombé à 3 754 points (le 18 mars 2020 précisément). Bien entendu, de la même façon que j'ai critiqué les Cassandre qui se félicitaient de la baisse des bourses mondiales au lendemain du 11 septembre 2001 en disant « nous vous l'avions bien dit ! », je ne vais pas me livrer maintenant à ce type de satisfecit déplacé.

Evidemment, tout comme les attentats du 11 septembre 2001, personne ne pouvait prévoir la pandémie de Coronavirus qui a secoué la planète et risque de l'affecter durablement.

Pour autant, je n'ai cessé de le rappeler depuis 2017, l'économie et les marchés obéissent à une règle de base indubitable : les arbres ne montent pas au ciel.

Ainsi, par une sorte de régulation naturelle, tous les dix ans environ, les marchés boursiers, tout comme l'économie mondiale d'ailleurs, connaissent une « remise des pendules à l'heure », notre fameux « Reset ».

Souvenons-nous : premier choc pétrolier de 1973, deuxième choc du même nom en 1980, première guerre du golfe en 1990-91, explosion de la bulle Internet et attentats du 11 septembre en 2000-2001, faillite de Lehman Brothers en 2008. A la suite de chacun de ces chocs, l'économie mondiale est entrée en crise et/ou en récession et les marchés boursiers avec.

Or, depuis 2017, à une époque où la bulle commençait à devenir dangereuse, ce cycle apparaissait caduc pour la grande majorité des investisseurs et des observateurs.

A tel point que rien ne semblait pouvoir casser l'euphorie des marchés : que ce soit le capharnaüm autour du Brexit, les tensions géopolitiques avec l'Iran et la Corée du Nord, les attentats en Europe ou encore la guerre commerciale Etats-Unis/Chine, le fort ralentissement de la croissance mondiale en 2019 et même le début de l'épidémie de Coronavirus en Chine, quasiment personne n'a voulu voir la réalité en face.

Les marchés boursiers ont ainsi continué de flamber en dépit du bon sens. L'argument était toujours le même : quoiqu'il arrive, les banques centrales seront là et déverseront leur opium monétaire pour permettre aux marchés de continuer de croître.

Quel manque de discernement et de lucidité ! Quel aveuglement collectif !

Mais, bon, dans la mesure où il ne sert à rien de vivre dans le passé, rappelons simplement les faits.

Le 12 mars 2020, dans le sillage de la déception suscitée par la Présidente de la BCE Christine Lagarde (digne héritière de Jean-Claude Trichet), le Cac 40 s'est effondré de 12,3 % sur une seule journée. Du jamais vu !

Bien plus grave que lors des précédentes crises : - 9,6 % lors du krach d'octobre 1987, - 7,4 % le 11 septembre 2001 et - 9 % le 6 octobre 2008.

De quoi souligner que nous sommes bien entrés dans l'Histoire, mais aussi dans l'inconnu...

D'ailleurs, entre leur point haut de la mi-février 2020 (donc plus d'un mois après le début de l'épidémie en Chine, histoire de renforcer le caractère extrême de l'aveuglement collectif qui prévalait alors) et le plancher des 18 et 20 mars, le Cac 40 et le Dow Jones se sont écroulés de respectivement 38,6 % et 37,1 %. Là aussi des chutes historiques en si peu de temps.

Mais ne l'oublions pas, même si les marchés sur-réagissent régulièrement face à l'incertitude massive engendrée par la pandémie, ils ne font finalement que se reconnecter à la réalité économique, c'est-à-dire à une récession historique, qui réduira immanquablement les résultats des entreprises, déprimant mécaniquement les valorisations boursières.

De plus, l'effondrement de la bulle n'a pas été l'apanage des marchés boursiers. Il s'est aussi observé sur le front des cryptomonnaies et notamment du bitcoin.

De quoi rappeler qu'au contraire de ce qu'ont avancé certains et comme nous le verrons plus en détail dans le chapitre qui lui est consacré, le bitcoin est très loin d'être une valeur refuge.

Encore plus grave, la bulle obligataire s'est également dégonflée, du moins temporairement. Ainsi, les taux d'intérêt des obligations d'Etat sont repartis à la hausse, en particulier en Italie.

Le taux à dix ans de la dette publique italienne est ainsi passé de 0,9 % le 22 février à 2,4 % le 17 mars, un plus haut depuis le 12 juin 2019.

Dans le même temps, son homologue espagnol est passé de 0,2 % à 1,2 %.

La France aussi a été touchée, puisque le taux d'intérêt de l'OAT à dix ans est passé de - 0,4 % le 9 mars à + 0,4 % le 18 mars. A titre de comparaison, le taux du Bund allemand à dix ans a également augmenté, mais est resté négatif à - 0,2 % à cette date.

Comme je l'ai souvent écrit et notamment dans mon livre précédent « Un monde de bulles », en espérant que cela ne se produirait pas, nous avons commencé à assister au pire des scénarios, en l'occurrence celui du dégonflement de toutes les bulles « en même temps ».

Bulles boursières : les arbres ne montent pas au ciel...

Sources : NYSE, Euronext, ACDEFI

La bulle de la dette publique italienne s'est aussi dégonflée.

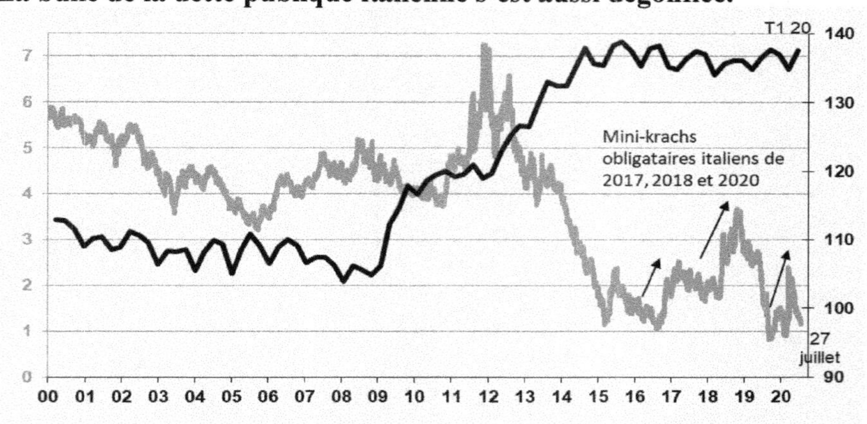

Sources : Eurostat, ACDEFI

26.
Taux d'intérêt des crédits : une remontée inévitable.

C'est certainement le principal problème des drogues dures : plus on en prend, plus on en veut et plus on oublie que les effets qu'elles produisent sont anormaux et surtout dangereux, voire dévastateurs.

Ainsi, depuis 2015 et le début de la « planche à billets » de la Banque Centrale Européenne, les marchés financiers, et notamment obligataires, sont tombés dans une accoutumance de plus en plus risquée. En effet, grâce à la cocaïne, puis à la morphine distribuées à profusion par la BCE, les taux d'intérêt des obligations d'Etat n'ont cessé de baisser, y compris dans des pays où la dette publique continuait d'augmenter, comme par exemple en Grèce, en Italie et en France. Au plus fort de cette folie collective, les taux d'intérêt des obligations à 10 ans des Etats de ces trois pays sont même tombés à respectivement 0,9 %, 0,8 % et - 0,4 % Et ce avec des ratios dette publique / PIB de 180 %, 140 % et 100 %.

En dépit de toute rationalité économique, les investisseurs ont donc consacré une nouvelle crise des « subprimes ». Mais, en pire ! Car avec les dettes « subprimes » titrisées, les risques étaient élevés mais les rendements aussi. Depuis 2015, avec les dettes publiques, les risques sont forts, mais les rendements faibles. Autrement dit, nous n'avons ni le beurre, ni l'argent du beurre et en plus il faut payer. Encore plus grave, lorsque les taux longs remonteront, les moins-values obligataires grèveront les résultats des banques, compagnies d'assurance et autres caisses de retraite, qui auront alors bien du mal à assainir leurs comptes.

Face à cette anomalie évidente, je suis resté parmi les rares à dénoncer une bulle exubérante et pernicieuse, dans la mesure où plus les taux d'intérêt baissaient, plus les Etats étaient incités à augmenter leur dette ou, au mieux, à ne pas la réduire. A l'inverse, le consensus bien-pensant a continué de soutenir que grâce à l'action de la BCE, rien ne pouvait arriver aux taux d'intérêt obligataires, qui resteraient ainsi éternellement bas.

Dans ce cadre, la pandémie de Coronavirus pourrait bien constituer la bouteille d'eau qui fera déborder le vase. En effet, devant l'ampleur historique de la dépression économique mondiale qu'elle suscite, les Etats ont continué ou recommencé à augmenter massivement leurs dépenses et par là même leur dette. Déjà stratosphérique, cette dernière est donc en train d'atteindre des niveaux insoutenables, en particulier dans les trois pays évoqués plus haut. D'ici 2021, la dette publique devrait donc avoisiner les 125 % du PIB en France, les 170 % en Italie et dépasser les 205 % en Grèce.

Face à cette triste perspective, les investisseurs ont enfin commencé à comprendre leurs erreurs passées, si bien que les taux d'intérêt des obligations d'Etat sont repartis progressivement à la hausse. Ainsi, en dépit de la débauche de moyens déployés par la BCE et au plus fort de la prise de conscience des marchés (en l'occurrence vers le 18 mars 2020), ceux-ci ont augmenté à 3,8 % en Grèce, 2,4 % en Italie et 0,4 % en France.

Par la suite, l'augmentation massive de la « planche à billets » de la BCE a suscité une nouvelle baisse de ces taux d'intérêt. Mais ne rêvons pas : tôt ou tard, la réalité reprendra le dessus.

Pour mieux comprendre le caractère inévitable de la hausse des taux d'intérêt des obligations d'Etat, il suffit simplement de rappeler le principe de leur formation. Théoriquement, ces derniers correspondent effectivement aux taux d'intérêt à court terme auxquels on ajoute deux types de composants. Primo, le coût d'opportunité du prêt, c'est-à-dire du renoncement à ses liquidités à court terme, ce coût étant positivement corrélé à l'échéance du prêt : plus on prête longtemps, plus ce coût augmente.

Secundo, des primes de risque. Ces dernières sont notamment relatives aux perspectives d'inflation, de croissance, de déficit public et à la crédibilité des Etats. Aujourd'hui, si les primes de risque liées à l'inflation et à l'activité économique sont faibles, celles des déficits publics et de la crédibilité des Etats sont de plus en plus élevées. En outre, si le risque d'hyperinflation demeure limité, le retour d'une inflation autour des 2 % à 3 % apparaît inévitable à moyen terme. Dans ce cadre, le niveau théorique du taux d'intérêt à dix ans des obligations de l'Etat français se situe autour des 2 %, contre environ 0 % depuis trop longtemps. C'est dire l'ampleur du krach obligataire qui nous attend.

Certes, à l'instar de toutes ses consœurs à travers le monde, la BCE devrait maintenir ses taux directeurs vers 0 % et continuer d'injecter des liquidités abondantes et gratuites, contenant par là même l'ampleur de la remontée des taux d'intérêt obligataires. Mais là aussi, le caractère infini de cette prodigalité commence à susciter des doutes. En effet, la Cour de Karlsruhe, l'équivalent allemand de notre Conseil constitutionnel, a jeté un pavé colossal dans la mare des marchés obligataires. Et pour cause : elle a tout simplement déclaré que le programme d'aide de la BCE violait, en partie, la Constitution allemande.

Dès lors, même si la BCE a réussi à calmer le jeu temporairement, il est clair que qu'à force d'utiliser une « planche à billets » pléthorique mais dans le vide (c'est-à-dire sans générer une croissance forte et durable), le rachat des dettes souveraines par la BCE finira forcément par devenir illégal en Allemagne. Cela mettra fin *de facto* à la distribution sans limite de « morphine » de la part de la BCE. Au-delà de la déflagration que cela produira à court terme sur les marchés obligataires et financiers au sens large, cela relancera immanquablement la crise de la dette publique, qui, ne l'oublions pas, n'est qu'endormie depuis 2015 et n'attend qu'un prétexte pour se réveiller avec pertes et fracas.

Le cas échéant, en plus d'engendrer un krach obligataire et boursier international, ce scénario viendra également réactiver la crise existentielle d'une zone euro qui est toujours aux abois, en dépit de certaines apparences. Ce qui alimentera de nouveau la hausse des taux d'intérêt obligataires et aggravera encore un peu plus la dépression économique qui sévit en Europe.

Même si j'espère évidemment que cette triste perspective sera évitée, il faut se rendre à l'évidence : l'ère des taux d'intérêt excessivement bas va bientôt se terminer. C'est d'ailleurs aussi à cela que doit servir un « Reset », en l'occurrence, retrouver le bon sens et la rationalité.

Souhaitons simplement que ce retour vers une plus grande normalité incitera les Etats à améliorer leur fonctionnement et à cesser leur « fuite en avant » bien pratique à court terme, mais forcément destructrice au bout du compte, comme nous risquons malheureusement de le comprendre au cours des prochaines années.

La bulle de la dette publique reste la plus dangereuse.

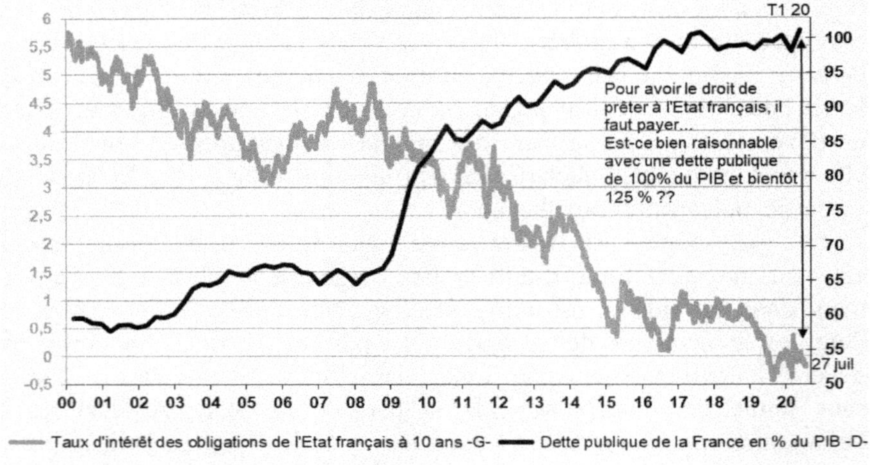

Sources : INSEE, ACDEFI

Dette grecque : confier des bonnes bouteilles de vin à un ivrogne.

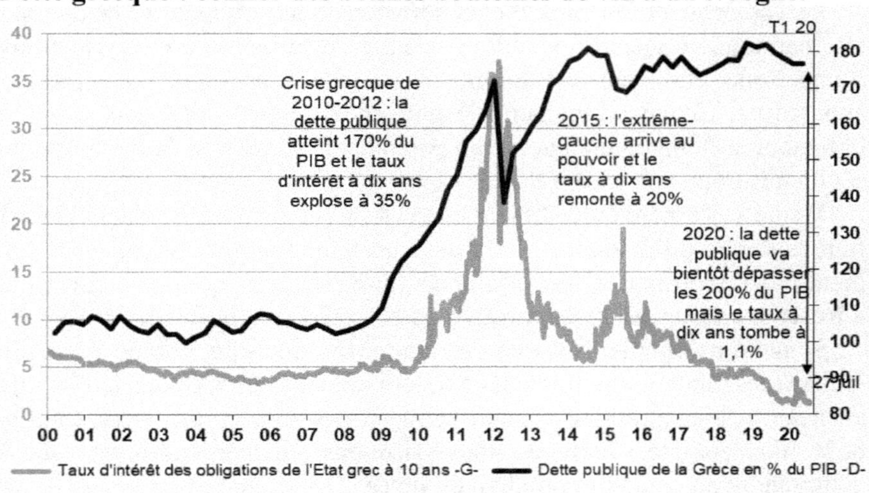

Sources : Eurostat, ACDEFI

27.
LES MARCHÉS BOURSIERS ANÉMIÉS POUR LONGTEMPS.

Compte tenu de l'effondrement passé et à venir du PIB mondial, les marchés boursiers n'ont évidemment pas pu résister. En dépit d'un rebond technique après la chute de mars-avril, ils restent toujours en proie à une anémie durable.

Rappelons-le : les indices boursiers doivent refléter une réalité économique, celle des profits des entreprises, qui dépend directement de la croissance mondiale. Si la planète tombe en récession, les résultats des entreprises seront négatifs, affectant mécaniquement les valorisations boursières.

A titre d'illustration, il faut savoir que pour justifier un Dow Jones à 26 000 points et a fortiori à 28 000, comme c'était encore le cas il y a peu, il aurait fallu que la croissance mondiale dépasse les 8 %.

Or, avant même la pandémie, la croissance mondiale était déjà en train de tomber de 3,3 % en 2018 à 2,9 % en 2019 et au mieux à 2,5 % en 2020. Même le FMI et l'OCDE, pourtant adeptes du déni de réalité, le reconnaissaient dès l'automne 2019. A présent que le PIB mondial est sur le point de chuter de 4,5 % en 2020, les marchés boursiers n'ont d'autre choix que de baisser fortement pour se reconnecter à l'économie.

Et ce, malgré une « remontada » impressionnante de la mi-avril à début juin.

En effet, même si l'on savait que la débauche de « morphine » déployée par les banques centrales allait permettre aux marchés boursiers de limiter les dégâts et de remonter temporairement après les planchers atteints en mars, le rebond effectivement réalisé a été largement excessif. A tel point qu'après une remontée exceptionnelle, le risque de nouvelle Bérézina pointe de nouveau son nez.

Les chiffres du rebond laissaient d'ailleurs sans voix : après avoir chuté de 35,9 % entre le 20 février et le 23 mars 2020 (soit seulement 23 jours de cotations), le Cac 40 a ainsi rebondi de 32 8 % entre ce plancher et le 5 juin.

Quant au Dow Jones, après avoir dégringolé de 37,1 % entre le sommet du 12 février et le creux du 23 mars 2020, il a ensuite flambé de 48,3 % au 8 juin. Il ne se situait alors plus qu'à 6,7 % de son pic du 12 février.

Mais la palme de la « remontada » revient au Nasdaq. Il est vrai poussé par les GAFAM et les champions du numérique qui ont fortement profité du confinement pour renforcer leur domination, l'indice américain des valeurs de croissance a effectivement explosé les compteurs.

Ainsi, après avoir chuté de 30,1 % entre le point haut du 19 février et le plancher du 23 mars 2020, le Nasdaq a ensuite sursauté de 56,7 % au cours des quatre mois suivants, se payant tout simplement le luxe d'atteindre un nouveau sommet historique de 10 020 points dès le 10 juin, qu'il a ensuite pulvérisé à plusieurs reprises, se hissant à 10 767 points le 20 juillet.

En fait, cette reprise spectaculaire des marchés boursiers signifiait que ces derniers avaient tout simplement effacé la récession économique passée et à venir.

Par le biais d'un aveuglement incroyable, il est vrai alimenté par la « planche à billets » hallucinogène des banques centrales, les investisseurs ont ainsi cru ou fait semblant de croire que la récession n'aurait finalement jamais lieu.

Seulement voilà, la sanction des chiffres est imparable : le PIB a et va encore chuter fortement et partout en 2020. Et même si un rebond technique est très probable, cela n'empêchera pas la récession de s'installer sur l'ensemble de cette année.

Et avec elle, ses inévitables corollaires, en l'occurrence une forte baisse des profits, qui deviendront d'ailleurs souvent des pertes, mais aussi des faillites d'entreprises, du chômage et des tensions sociales et sociétales de plus en plus vives.

Annoncer cela n'est pas du pessimisme mais simplement du bon sens doublé de réalisme.

D'ailleurs, le seul cas de krach boursier qui a été effacé en quelques mois est celui d'octobre 1987 pour la simple raison que la forte récession attendue n'a pas eu lieu.

A l'inverse, dans tous les autres cas, la récession a bien suivi le krach, qui ne s'est d'ailleurs pas produit en une seule fois.

Si l'on remonte au krach de 1929, il faut ainsi savoir qu'après avoir chuté de 39 % entre le 22 octobre et le 13 novembre 1929, le Dow Jones a ensuite rebondi de 31 % entre le 14 novembre et le 6 décembre de la même année.

En avril 1930, il réalisait même une « remontada » de 48,5 % par rapport à son plancher du 13 novembre. A l'époque aussi, de nombreux prévisionnistes pensaient que la crise était terminée.

Mais, comme aujourd'hui, ils oubliaient l'essentiel : la réalité économique. Car, bien loin de disparaître, la récession allait au contraire s'aggraver pour devenir une dépression historique, suscitant notamment un plongeon du PIB américain de 26,3 % en quatre ans.

C'est ainsi que le Dow Jones a très vite repris le chemin de la chute, atteignant son plancher le 8 juillet 1932 et subissant un krach de 89,2 % comparativement à son sommet du 3 septembre 1929.

Un sommet qu'il ne retrouvera d'ailleurs que le 23 novembre 1954, soit 25 ans et deux mois après le début du krach.

Bien entendu, nous ne sommes pas en 1929. Et à la différence de cette triste période, les autorités politiques et monétaires de la planète ont très vite réagi face à la pandémie et à la chute de l'activité.

Autrement dit, la récession devrait être bien moins forte qu'à l'époque. Selon nos prévisions, qui paraissaient pessimistes il y a quelques mois mais qui font de plus en plus l'unanimité, le PIB mondial devrait chuter de 4,5 % en moyenne sur l'année 2020. Il s'agira néanmoins de la plus forte baisse enregistrée depuis la crise des années 1930.

A titre de comparaison, lors de la crise de 2007-2009, le PIB planétaire n'avait reculé que de 0,1 % en moyenne sur l'année 2009.

Et pourtant, à l'époque, le Dow Jones s'est effondré de 53,8 % entre le plus haut du 9 octobre 2007 et le plancher de mars 2009. Eh oui, on l'oublie souvent, mais le krach de 2008-2009 a en fait commencé en 2007 avec l'explosion de la crise des subprimes.

De plus, après avoir touché le fond le 9 mars 2009, le Dow Jones n'a retrouvé son niveau d'avant-crise que le 5 mars 2013, soit 5 ans et 5 mois après le début du krach.

De même, lors du krach Internet, la chute boursière s'est étendue du début 2000 au printemps 2003, le Dow Jones ne retrouvant son niveau d'avant-krach que 6 ans et 10 mois après le début de la crise.

Et ce, malgré une croissance mondiale très soutenue, à 3,6 % en moyenne annuelle de 2000 à 2003.

Autrement dit, il faut arrêter de se bercer d'illusions : si déjà lorsque la croissance mondiale résiste, les krachs boursiers sont massifs, il est clair que lorsque le PIB planétaire baisse fortement, les chutes de cours ne peuvent être que plus fortes.

De plus, ne soyons pas naïfs : les krachs boursiers ne sont jamais linéaires et durent généralement plusieurs années. A fortiori si l'économie mondiale tombe dans une récession dramatique.

Bien entendu, la corrélation entre la variation annuelle du PIB mondial et l'indice Dow Jones doit surtout être utilisée pour alerter sur l'importance et donc la dangerosité de la bulle boursière.

Pour affiner cette analyse et confirmer l'extravagance boursière, nous pouvons également nous appuyer sur l'évolution comparée du Dow Jones et du PIB mondial en valeur (c'est-à-dire inflation comprise) en base 100 en 1997.

Là aussi, les chiffres parlent d'eux-mêmes : de 1997 à février 2020, donc juste avant le « Coronakrach », le Dow Jones affichait une flambée de 358 %, tandis que, sur la même période, le PIB mondial en valeur augmentait de 175 %.

Si des écarts peuvent évidemment se produire, par exemple en phase de krach ou de bulle, il faut noter que, comme le montre le graphique correspondant, présenté à la fin de ce chapitre, un tel écart entre la valorisation boursière du Dow Jones et le PIB mondial avec inflation était exceptionnellement élevé.

Et encore aujourd'hui, malgré le krach (il est vrai en partie corrigé par une « remontada » excessive), l'écart demeure indécent compte tenu de l'ampleur de la récession qui a réduit mécaniquement la variation du PIB, soit + 312 % pour le Dow Jones, contre + 149 % pour le PIB mondial en valeur.

De quoi rappeler qu'en dépit d'un dégonflement conséquent, la bulle des marchés boursiers n'a pas disparu, puisque ces derniers restent encore trop chers comparativement à la réalité économique mondiale.

De plus, et même s'il ne faut pas exagérer la valeur explicative d'une moyenne, rappelons que le niveau moyen du Cac 40 depuis 2002 est de 4 300 points… De quoi faire plaisir aux tenants de l'analyse technique…

Certes, grâce à une prodigalité de plus en plus exceptionnelle des banques centrales, qui continuent de déverser des quantités extravagantes de « morphine » sur les marchés, ces derniers ont donc repris le chemin de la hausse d'avril à juin. A tel point que certains n'ont pas hésité à annoncer que la crise boursière était terminée et qu'il fallait rapidement acheter massivement des actions à bon prix.

Ah, que nous aimerions en faire autant ! Seulement voilà, si l'optimisme est certainement la meilleure des thérapies, le réalisme est aussi une obligation du quotidien. Si les dirigeants politiques et sanitaires de la planète avaient favorisé le réalisme et la prudence au début de l'épidémie de Wuhan, cette dernière ne serait certainement pas devenue la pandémie dramatique que l'on connait désormais.

Dans ce cadre, même si nous refusons de noircir le tableau et demeurons persuadés que la pandémie sera prochainement vaincue, il nous faut aussi être réalistes : le krach boursier qui a commencé fin février est malheureusement loin d'être terminé.

En fait, le rebond chaotique des derniers mois correspond simplement à un mouvement de correction temporaire de la faiblesse passée, les investisseurs profitant des largesses des banques centrales pour essayer de faire des bonnes affaires.

Pour l'instant, avec la crise actuelle, et comme nous l'avons vu plus haut, le Dow Jones a baissé de 37,1 % au plus fort de la tempête, mais seulement 29 jours après le début du krach. A titre de comparaison, lors du krach de 2008-2009, le Dow Jones avait chuté de 53,8 % au plus bas. Un plancher qui avait été atteint 370 jours après le début du krach.

Or, en 2008-2009, le PIB américain n'a baissé « que » de 4 % entre le premier trimestre 2008 et le deuxième trimestre 2009 qui marquait le début de la fin de la crise économique. De plus, à l'époque, la récession mondiale a été évitée, le PIB planétaire n'ayant reculé que de 0,1 %.

Aujourd'hui, la situation est malheureusement bien plus dramatique. En effet, au premier semestre 2020, le PIB a reculé d'environ 10 % tant aux Etats-Unis qu'à l'échelle mondiale.

Dès lors, même si une reprise se produit grâce aux soutiens monétaires et budgétaires pharaoniques mondiaux, il faudra de nombreuses années avant de retrouver le niveau du PIB de la fin 2019.

De quoi rappeler que si la bourse reflète une réalité économique, les niveaux actuels des grands indices boursiers sont encore trop élevés par rapport à la gravité de la récession qui arrive.

Dès lors, le « Coronakrach » risque malheureusement d'être le plus dévastateur depuis celui de 1929, notamment parce que la récession qui se dessine sera la plus grave depuis cette triste époque.

En fait, il pourrait se situer entre celui de 1929 et celui de 2009 : grave comme en 1929 par son ampleur, mais finalement maîtrisé comme celui de 2009. Ce qui signifie tout de même qu'il faudra au moins 5 ans avant de retrouver les niveaux d'avant-krach. Autrement dit : pas d'emballement, il est encore trop tôt pour se ruer sur les marchés boursiers internationaux.

Alors, arrêtons de croire au Père Noël, soyons patients et réalistes : la récession ne fait que commencer, personne ne sait si la pandémie de Covid19 sera circonscrite à court ou moyen terme et nous n'avons encore aucune idée précise de l'ampleur des faillites et de la crise sociale à venir. En d'autres termes, les incertitudes sont fortes et la volatilité va rester très élevée.

Ceux qui aiment les montages russes seront gâtés. Pour les autres, la prudence doit rester de mise.

Bourses : Une « remontada » trop impressionnante pour durer.

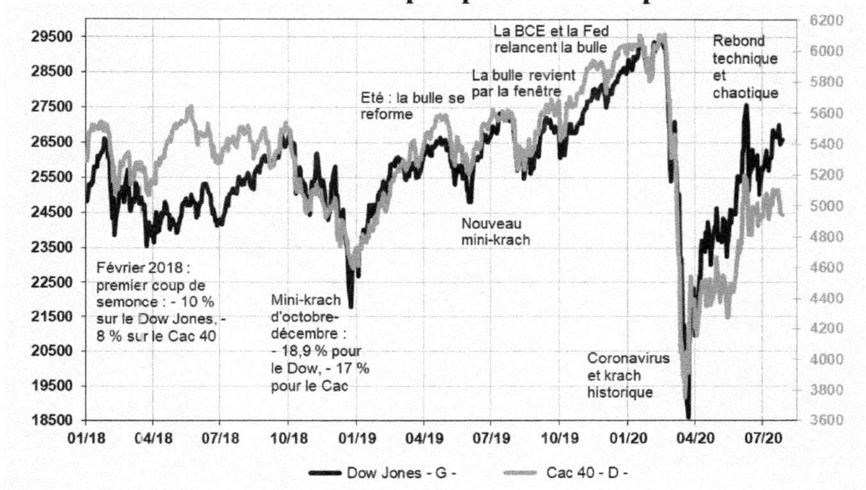

Sources : NYSE, Euronext, ACDEFI

En pleine pandémie, le Nasdaq atteint un nouveau pic historique.

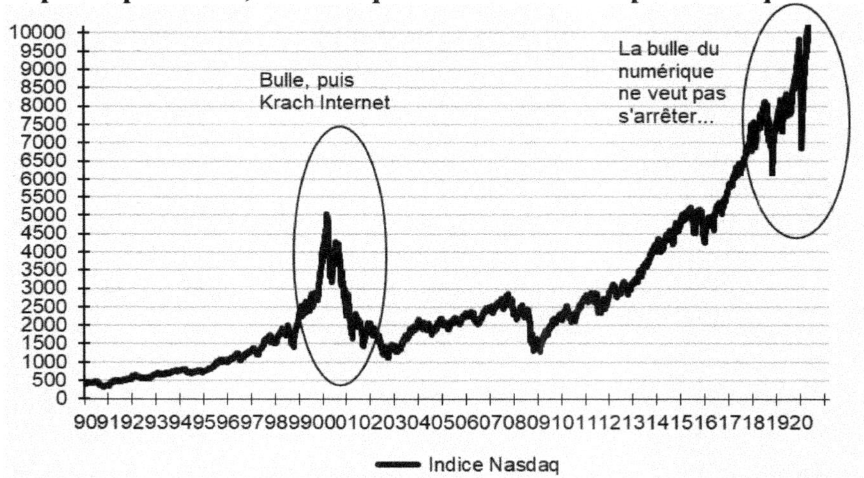

Sources : Nasdaq, ACDEFI

Krach de 1929 : « remontada », puis « descente aux enfers ».

Sources : NYSE, ACDEFI

Les krachs ne sont pas linéaires et peuvent durer très longtemps…

	Variation entre le plafond et le plancher	Pic	Creux	Durée du krach	Retour au niveau d'avant-krach	Période de temps avant de retrouver le niveau d'avant krach
Krach de 1929	**- 89,2 %**	Le 3 sept 1929	**Le 8 juillet 1932**	2 ans et 10 mois	Le 23 nov 1954	**25 ans et 2 mois**
Krach d'octobre 1987	- 36,5 %	Le 21 août 1987	Le 6 déc 1988	3 mois et demi	Le 23 août 1988	1 an
Krach de 2000-2003	- 35,8 %	Le 14 janv 2000	Le 11 mars 2003	**3 ans et 3 mois**	Le 3 oct 2006	**6 ans et 10 mois**
Krach de 2007-2009	**- 53,8 %**	Le 9 oct 2007	Le 9 mars 2009	1 an et 5 mois	Le 5 mars 2013	**5 ans et 5 mois**

Sources : NYSE, Calculs ACDEFI

La récession mondiale justifie le dégonflement de la bulle boursière.

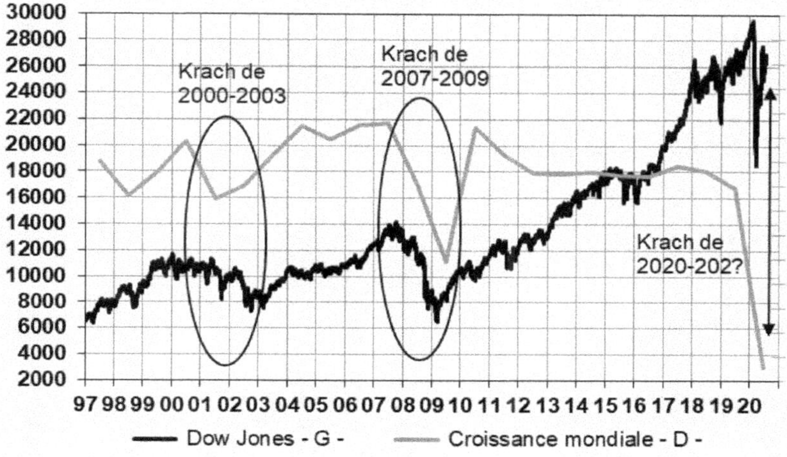

Sources : FMI, NYSE, Prévisions ACDEFI

Les bulles boursières se dégonflent dans la douleur.

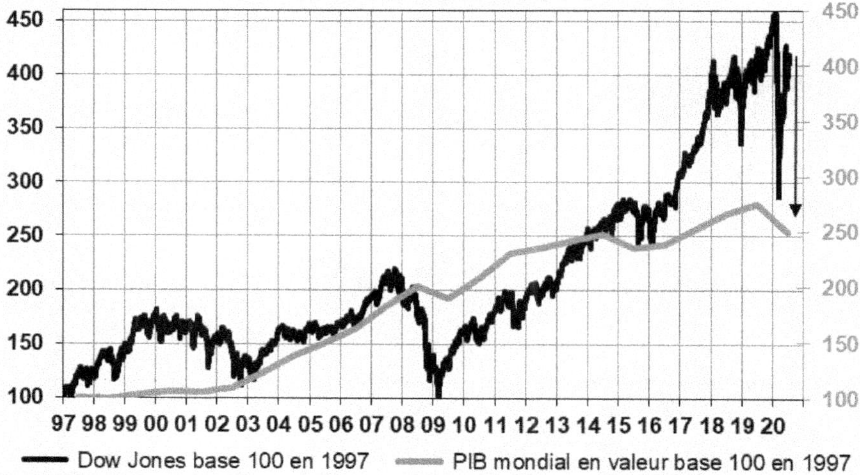

Sources : NYSE, Calculs ACDEFI

Le Cac 40 retrouve son intervalle de long terme.

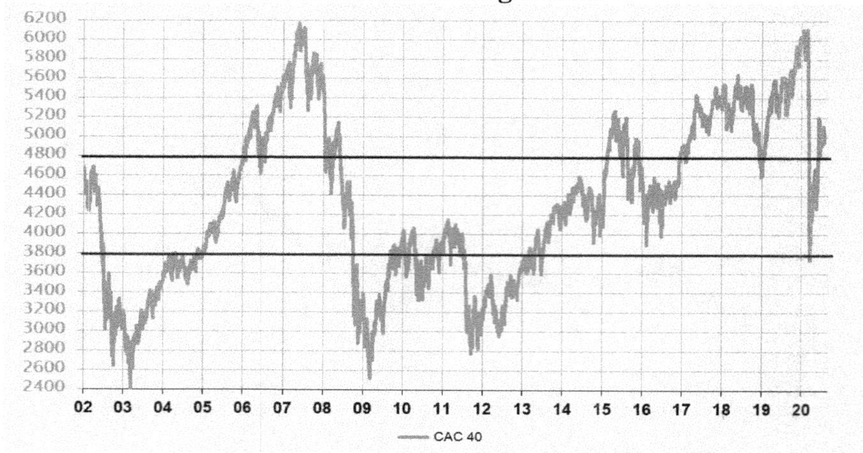

Sources : Euronext, ACDEFI

Le « CoronaKrach » ne fait que commencer.

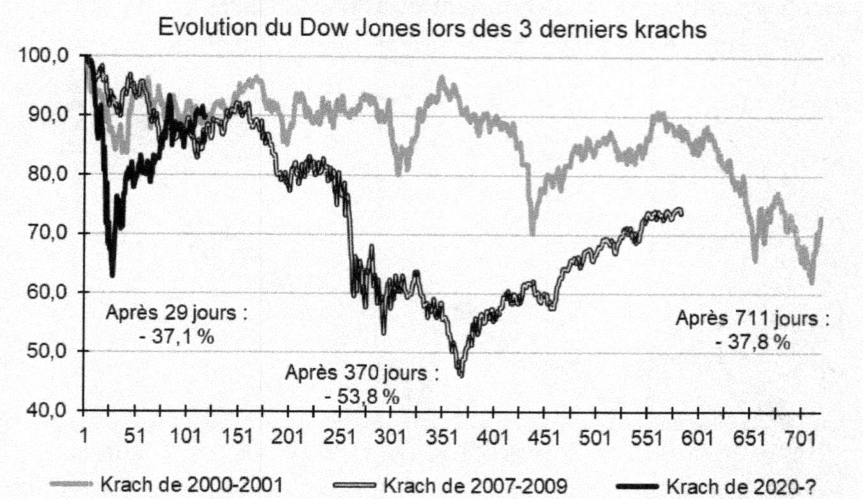

Sources : NYSE, Calculs ACDEFI

28.
VERS UNE NOUVELLE CRISE BANCAIRE ?

On l'oublie souvent, mais les banques sont le poumon du système économique. Sans elles, ce dernier n'est effectivement plus irrigué et finit par s'éteindre, entraînant des faillites et des licenciements en cascade, puis, au bout du compte, une récession et une crise sociale dramatique. Autrement dit, un système bancaire fragilisé est généralement annonciateur d'une économie en berne, a fortiori si celle-ci est déjà affaiblie.

Or, avant même la pandémie de Covid-19, les banques de la zone euro accumulaient plus de 600 milliards d'euros de créances douteuses (dont environ 140 milliards pour les seules banques françaises). Plus structurellement, à cause de conditions réglementaires de plus en plus contraignantes, mais aussi de taux d'intérêt obligataires beaucoup trop bas, les banques européennes ont entamé une traversée du désert de plus en plus coûteuse.

Pire, avec la concurrence des financements alternatifs et devant affronter depuis quelques mois une récession historique, elles sont désormais en danger. A tel point que certains, et notamment au sein de la Commission européenne, n'hésitent plus à mettre en garde contre de multiples faillites bancaires au cours des trimestres à venir dans l'ensemble de l'Union.

Certes, les banques européennes ne sont pas encore dans un marasme aussi profond que celui qui a suivi la crise des subprimes de 2007 et qui a atteint son paroxysme avec la faillite de Lehman Brothers en 2008. Cependant, ce retour en force des vieux démons de la crise bancaire rappelle que le système bancaire et financier de la zone euro reste menacé, notamment par une nouvelle phase d'aggravation des créances douteuses qui pourrait voir le jour dans les prochains mois.

Dès le premier trimestre 2020, toutes les banques européennes ont d'ailleurs augmenté massivement leurs provisions pour défaillances de crédits, grevant mécaniquement leurs résultats trimestriels et entraînant même des pertes pour certaines d'entre elles. La banque néerlandaise ABN Amro a fait ainsi état de sa première perte trimestrielle depuis 2013, à savoir 395 millions d'euros. L'allemande Commerzbank a également plongé dans le rouge avec une perte de 295 millions. Quant à la Société Générale, sa perte trimestrielle a atteint 326 millions d'euros au premier trimestre 2020 et 1,26 milliard d'euros au deuxième trimestre.

Bien entendu, toutes les banques de la zone euro ont et vont encore bénéficier de l'aide pléthorique de la BCE. Pour autant, au-delà de ces cadeaux sans limite, celles-ci doivent faire face à quatre handicaps majeurs. Premièrement, des règles prudentielles extrêmement contraignantes. Deuxièmement, des taux d'intérêt des obligations d'Etat excessivement et anormalement bas. Car, ne l'oublions pas, le principal métier des banques réside dans ce que l'on appelle la transformation, à savoir se financer à court terme, idéalement le moins cher possible (ce qui est le cas aujourd'hui avec des taux monétaires à 0 %) pour prêter et/ou placer sur des produits obligataires à des taux bien plus élevés. Seulement voilà, aujourd'hui et comme cela s'observe depuis 2015, les taux des obligations d'Etat sont quasiment équivalents, voire inférieurs, aux taux monétaires. Dans de trop nombreux cas, ils sont mêmes négatifs.

Autrement dit, les banques ne parviennent plus à « gagner leur vie » avec leur métier de transformation. Pour ne rien arranger, la volatilité des marchés boursiers réduit également les gains sur les fronts de la banque d'investissement et de la gestion d'actifs. Au final, il ne reste donc plus que les commissions diverses et variées, les prêts à la consommation ou encore la vente de téléphones pour permettre aux banques de joindre les deux bouts. C'est un peu juste…

C'est alors qu'intervient le troisième handicap du secteur bancaire, en l'occurrence une dépression économique historique. Certes, au cours des derniers mois, certains Etats, et notamment celui de la France, ont garanti certains prêts aux entreprises à hauteur de 90 %. Mais ne rêvons pas : le marasme économique est tellement fort que les pertes pour non-remboursement que vont devoir supporter les banques seront dramatiquement élevées.

A la rigueur, si la dépense publique avait réussi à stopper la récession et à déclencher une reprise forte et durable, l'impact de cet inconvénient aurait pu rester limité en durée et en ampleur. Malheureusement, comme cela s'est particulièrement bien observé dans l'Hexagone, l'augmentation des dépenses publiques a été et restera incapable de restaurer une croissance vigoureuse. Or, l'une des conséquences inévitables de la récession réside dans l'augmentation du risque de défaut, donc des créances douteuses et plus globalement du coût du risque. Dès lors, le cercle pernicieux devient infernal, dans la mesure où cette fragilisation du bilan des banques réduit l'octroi de crédits à l'économie, donc alimente la récession, puis le chômage, mais aussi les déficits publics...

D'où un quatrième danger, à savoir le risque de réactivation de la crise de la dette publique. Il est vrai que depuis cinq ans, toute la planète financière veut croire que cette dernière est bel et bien terminée et que les taux longs ne remonteront jamais. Pourtant, il n'en est rien. En effet, compte tenu de la flambée à venir des dettes publiques et de la limitation inévitable des effets de la « planche à billets » de la BCE, les taux d'intérêt des obligations souveraines finiront par augmenter, engendrant mécaniquement des moins-values sur les portefeuilles obligataires, qui sont justement particulièrement étoffés dans les banques françaises et européennes.

Après avoir dû constituer des provisions pour créances douteuses du secteur privé, les banques italiennes, françaises, européennes, et mondiales pourraient donc bien devoir rééditer l'opération, mais, cette fois-ci, pour des créances accordées au secteur public, qu'il s'agisse des obligations d'Etat ou des crédits accordés aux collectivités locales. Sans parler des risques sur les pays émergents et sur la situation géopolitique mondiale.

Voilà pourquoi, et même si les banques européennes ont réduit leurs activités dangereuses (et notamment le « property trading », c'est-à-dire la spéculation avec leurs fonds propres) et bénéficient encore d'une politique monétaire extrêmement accommodante, elles restent fortement menacées par une récession historique, une dette publique trop élevée et un risque de remontée massive des taux d'intérêt des obligations d'Etat.

En conclusion, même si, pour l'instant, le consensus veut croire que la situation est sous contrôle, la probabilité d'une nouvelle crise bancaire majeure demeure plus qu'élevée.

Une dangereuse inversion de la courbe des taux.

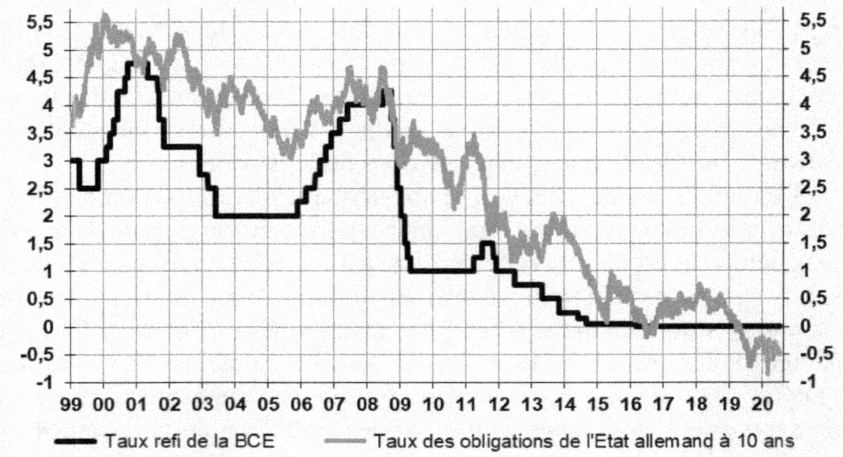

Sources : BCE, ACDEFI

29.
BITCOIN : QUITTE OU DOUBLE ?

Devant l'énormité des « planches à billets » à travers le monde qui risque de transformer les devises traditionnelles en « monnaies de singe », certains n'hésitent pas à rêver à la revanche du bitcoin.

En effet, après avoir atteint 20 000 dollars fin 2017, la plus célèbre des cryptomonnaies s'est effondrée à 4 000 dollars un an plus tard, pour néanmoins revenir vers les 11 000 dollars en juillet 2020.

Est-ce un chant du cygne ou un retour en grâce durable ?

Pour essayer d'y voir plus clair, un petit rappel technique s'impose : le Bitcoin aurait été créé par Satoshi Nakamoto, qui est en fait le pseudonyme de la personne ou plutôt du groupe de personnes qui, en 2009, ont conçu et développé le logiciel Bitcoin-Qt qui a permis de mettre en place cette monnaie virtuelle. Leur but officiel était de créer une monnaie, ou plutôt un moyen de transaction indépendamment des banques centrales, des Etats et du système bancaire traditionnel.

Oui, bien sûr, le bitcoin c'est moderne, basé sur la fameuse technologie du Blockchain, qui en fait a priori un produit impiratable et qui, comme les GAFAM, pourrait sortir gagnant de la crise du Covid19 et du « Reset » qui s'en suit.

Oui, bien sûr, le bitcoin valait 0,001 dollar en octobre 2009, ce qui confère une plus-value colossale à ceux qui en disposent depuis sa création. Oui, bien sûr, la valeur cumulée de l'ensemble des bitcoins en circulation dépasserait les 130 milliards de dollars (notons néanmoins que, compte tenu de l'extrême volatilité de ses cours, cette valeur peut varier du simple au double, dans un sens comme dans l'autre…). Oui, bien sûr, il faut vivre avec son temps et cesser de regarder les nouveautés comme des dangers.

Seulement voilà, à l'image de la Tulipe hollandaise au XVIIème siècle, des valeurs internet en 1999-2000, des placements défiant toute concurrence de Bernard Madoff pendant 17 ans ou encore des produits subprimes notés AAA par les agences de notation, le bitcoin est une bulle.

Il va même plus loin que ses « illustres » prédécesseurs, puisqu'en plus d'être une bulle, il est aussi une arnaque.

Pour le comprendre et sans vouloir jouer le rabat-joie, il suffit de se souvenir des trois fonctions de la monnaie. En l'occurrence, celle d'unité de compte, d'intermédiaire des échanges (ou encore de moyen de transaction) et enfin de réserve de valeurs.

Si, à la rigueur, le bitcoin remplit les deux premières, il est très loin de la troisième. Et pour cause : il n'est basé sur rien, c'est-à-dire sur aucune création de richesses. En effet, selon le processus normal de création monétaire, la monnaie ne peut être créée qu'en échange de ce que l'on appelle les contreparties de la masse monétaire, qui se trouvent à l'actif du bilan de la banque centrale. A savoir, de l'or, des devises et des titres. Certes, il arrive parfois, et notamment au lendemain de la crise de 2009 et bien sûr depuis le début de la pandémie de coronavirus que les banques centrales actionnent la « planche à billets », c'est-à-dire qu'elles créent de la monnaie ex-nihilo, qui est immédiatement investie dans des titres (publics mais aussi privés) de manière à ce que le bilan de la banque centrale reste équilibré.

C'est d'ailleurs là que les promoteurs du bitcoin sont très forts. En effet, ils arguent justement de cette création monétaire excessive pour mettre en avant que les dollars, euros, yens et autres livres sterling en circulation ne valent pas grand-chose, et justifier par là même le développement du bitcoin, qui constituerait ainsi le sésame contre les dévaluations et l'alternative idéale aux monnaies traditionnelles, voire une valeur refuge.

A l'évidence, on nage en plein délire. En effet, si déjà une monnaie qui dispose de contreparties, qui se base sur l'autorité de pays ou de zones tels que les Etats-Unis, le Japon ou encore la zone euro, ne valent pas grand-chose, alors combien vaut une monnaie qui est basée sur le néant, qui n'est contrôlée par aucune autorité et qui ne dispose d'aucune assurance contre la faillite ? Car soyons clairs, si pour x raisons, le bitcoin s'effondre complètement, personne ne remboursera ses détenteurs. Ils ne perdront pas 20 % ou 50 %, comme cela s'observe déjà régulièrement en quelques semaines voire en quelques jours depuis plusieurs années, mais ils perdront tout !

Qui plus est, n'oublions pas que le bitcoin reste principalement un vecteur privilégié de blanchiment d'argent sale. On ne parle évidemment pas là d'évasion ou d'optimisation fiscale, mais d'argent de la mafia, de la drogue et de tous les trafics en tout genre. Plus besoin de sociétés écrans aux Bahamas ou ailleurs, un simple dépôt dans un bureau de change et l'argent sale est blanchi.

D'ailleurs, on estime que 95 % de l'ensemble des bitcoins en circulation sont détenus par seulement 5 % des utilisateurs. Et cela ne choque personne ! C'est à se demander pourquoi les autorités monétaires et financières internationales mettent autant de temps avant de légiférer sur ce vide juridique qu'est le bitcoin. Là aussi, le jour où les institutions de contrôle vont faire leur travail et sonner la fin de la récré, les détenteurs de bitcoins pourront se mordre les doigts.

En outre, il paraîtrait que le bitcoin serait déjà dépassé : l'heure serait désormais au bitcoin cash, ou au bitcoin gold ou encore au B2X. Idem pour les technologies des cryptomonnaies comme le litecoin, l'ethereum ou le ripple. Bref, le capharnaüm se développe et il est certain qu'il y aura de la casse.

On estime qu'il existe actuellement quelque 1 400 devises virtuelles et que des dizaines se créent chaque semaine. Pour ce faire, tous les « geeks » de la planète sont mis à contribution. On leur propose d'importantes quantités de nouvelle monnaie virtuelle gratuitement, mais qu'ils doivent ensuite revendre pour animer le marché, de manière à faire flamber la nouvelle supercherie. Peu importe que son cours s'effondre ensuite, il faut au moins qu'elle « booste » pendant quelques semaines pour réaliser une belle plus-value. Le cas échéant, l'heureux bénéficiaire est alors rémunéré dans une autre cryptomonnaie et ainsi de suite. Quant aux gains en vrais dollars, il faudra patienter jusqu'à… la saint Glin-Glin.

N'oublions d'ailleurs pas que les cryptomonnaies n'ont de « valeur » qu'au sein de la communauté qui les utilise ou plutôt les échange. C'est un peu comme avec les colliers de perles, de fleurs ou de coquillages du Club Med. Ils ne servent de « monnaies » d'échange qu'au sein des villages qui les utilisent. En dehors, ils ne valent rien.

Parallèlement, à l'instar des arnaques au Forex, au diamant et autres, les conseillers en investissement en fausses cryptomonnaies se sont aussi fortement développés, avec une même constante : tous les « épargnants » perdent et le créateur de l'arnaque se régale jusqu'à ce que la police l'arrête ou la mafia le « neutralise »…

Depuis environ deux ans, certains détenteurs de bitcoins et de cryptomonnaies en tout genre ont même poussé le vice un peu plus loin, en levant des fonds pour financer des start-ups valorisées en bitcoins. C'est ce que l'on appelle des ICO : Initial Coin Offering. Cela leur permet ainsi de se débarrasser de leurs « monnaies de dupe » en récupérant des vrais dollars et en laissant sur le carreau les nouveaux détenteurs de start-ups qui auront bientôt disparu. C'est tout simplement formidable pour les « leveurs de fonds », mais une vraie catastrophe pour les petits actionnaires avides de rendement très élevés et très rapides, qui, une nouvelle fois, seront les « dindons de la farce ».

En outre, à l'heure où l'on ne cesse de souligner les excès de la consommation de CO2 (parfois à juste titre d'ailleurs), il ne faut pas oublier que le bilan carbone du bitcoin est loin d'être satisfaisant. En effet, la complexité des calculs est telle qu'une transaction en bitcoins consomme autant d'énergie qu'un ménage américain pendant une semaine et que l'ensemble du réseau du bitcoin émet autant de dioxyde de carbone que l'Equateur. A terme, il est estimé que, chaque année, ce réseau consommera autant d'énergie que le Japon.

Enfin, pour couronner le tout, il faut également souligner que le bitcoin et acolytes ont permis de favoriser les prises d'otages informatiques. En effet, un faux mail ouvert par inadvertance et toutes les données de votre ordinateur sont cryptées et irrécupérables, sauf à payer une rançon évidemment libellée en bitcoin, puisque ce dernier est intraçable. On n'arrête pas le progrès…

En plus d'être une bulle financière dangereuse, le bitcoin et les autres cryptomonnaies actuelles sont donc des vecteurs privilégiés d'une économie parallèle dont il faut évidemment s'éloigner.

Un jour certainement, les cryptomonnaies seront encadrées et légiférées (les banques centrales ont d'ailleurs commencé à s'y employer). On pourra alors peut-être y voir plus clair. Mais, en attendant, la plus grande prudence doit s'imposer.

En conclusion, si, malgré toutes ces évidences, vous avez encore envie d'acheter des bitcoins ou autres cryptomonnaies, faites-le. Peut-être que sur quelques mois, vous gagnerez même quelques kopecks, en attendant de tout perdre.

Car, ne l'oublions pas : si l'économie n'est pas une science exacte et peut, par là même, faire l'objet de toutes les interprétations, elle obéit néanmoins à une règle de base. A savoir : plus le rendement augmente, plus le risque augmente. Autrement dit, si vous voulez gagner beaucoup, il faut prendre des risques, voire être prêt à tout perdre. Les plus grands ingénieurs et mathématiciens du monde avaient essayé de transformer cette règle de bon sens lors de la titrisation des dettes subprimes, on connait la suite. Autrement dit, mieux vaut être traité de « has been », mais conserver son portefeuille, plutôt que de vouloir toucher le soleil et se retrouver ruiné.

Ne perdons pas de vue que le « Reset » de l'après-Covid n'a de sens que s'il se traduit par une amélioration de notre situation. S'il provoque plus d'opacité et le développement de « monnaies » parallèles qui ne sont ni contrôlées, ni légiférées, alors le nouveau monde sera pire que l'ancien.

Alors de grâce, la technologie et l'intelligence sont évidemment déterminantes, mais leur développement ne peut se faire au détriment du bon sens. Sinon, tôt ou tard, la « nature » prend sa revanche…

La bulle des cryptomonnaies explose également.

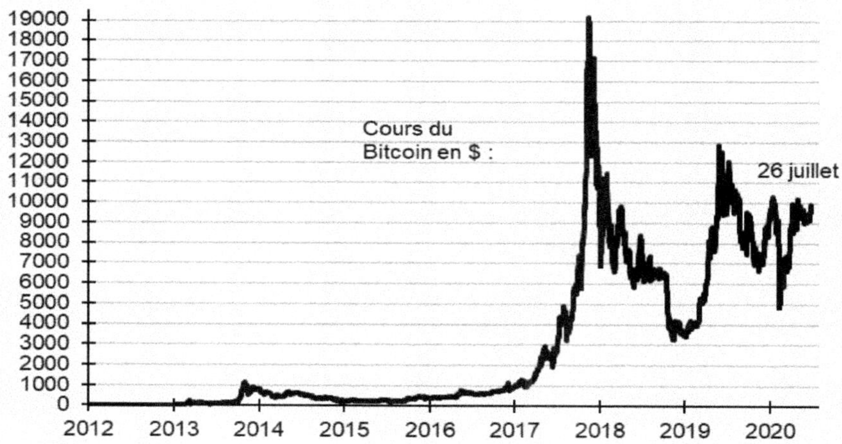

Source : ACDEFI

30.
L'IMMOBILIER PRENDRA AUSSI LE BOUILLON.

Pour éviter les affres des bulles et des krachs boursiers ou encore des crises en tous genres, il est souvent conseillé d'investir dans « la pierre ». En effet, si les modes financières passent, l'immobilier reste, constituant par là même un bon placement de père de famille.

Les chiffres de l'INSEE sont d'ailleurs formels : les ménages ayant acheté leur résidence principale sont les mieux protégés contre les revers de fortune et la pauvreté. A l'inverse, les 30 % des Français les moins bien dotés sont ceux qui ne possèdent pas de patrimoine immobilier.

Seulement voilà, si l'achat de sa résidence principale constitue, à juste titre, le premier objectif des ménages, la valeur des biens immobiliers est aussi soumise à variation et peut aussi faire l'objet de « bulle ».

Or, les bulles immobilières sont particulièrement coûteuses car leurs effets sur l'économie réelle sont très puissants et touchent directement les particuliers.

Ainsi, après une hausse de 200 % de 1984 à 1991, les prix des logements anciens dans l'Hexagone s'effondrèrent d'environ 35 % entre la fin 1991 et 1998 : un krach immobilier dramatique dont l'économie française ne se remettra pas avant longtemps. La récession s'impose d'ailleurs en 1993, puis la croissance restera molle jusqu'en 1998.

Malheureusement, une nouvelle bulle s'est imposée au cours des années suivantes. De 1998 à 2008, les prix des logements anciens ont ainsi flambé de 151 %. Par la suite, une évolution sinusoïdale s'est observée. La crise de 2009 a ainsi suscité une chute de quasiment 10 %, puis la bulle est revenue au galop en 2011-2012 (+ 13 %), avant de marquer de nouveau le pas en 2013-2015 (- 7 %), pour finalement repartir de plus belle de 2016 à 2020. Du premier trimestre 2016 au premier trimestre 2020, les prix des logements anciens ont ainsi flambé de 14 %.

Autrement dit, après la baisse justifiée de 2013-2015, la récente remontée des prix immobiliers, principalement à Paris, mais aussi dans certaines villes de province comme Lyon, Bordeaux ou Rennes, confirme que nous sommes toujours face à une bulle, c'est-à-dire un phénomène de décalage entre le prix de marché des actifs immobiliers et leur valeur réelle.

Et si, jusqu'à présent, les achats en provenance de fonds russes, qataris, chinois et autres ont masqué la réalité immobilière française, la réduction de ce type d'achats va de nouveau dévoiler cette dernière au grand jour.

Les quelques statistiques qui suivent (et que vous pourrez retrouver graphiquement à la fin de ce chapitre) sont d'ailleurs parfaitement illustratives de cette situation.

A commencer par celles qui montrent le décalage criant entre le niveau des prix immobiliers et le PIB en valeur dans l'Hexagone.

Tout comme lors de la bulle de 1990-91, l'écart entre le premier et le second atteint effectivement 1,7.

Autrement dit, l'excès de valorisation financière est toujours très élevé et appelle un retour de la baisse des prix.

Et ce, avant même le début de la dépression économique suscitée par la pandémie de Covid19. En d'autres termes, si celle-ci perdure et que les prix de l'immobilier ne baissent pas, cet écart sera encore plus élevé, donc dangereux.

Certes, en 2016-2019, à l'image des prix immobiliers, les ventes (en montant et en nombre) ont légèrement remonté. Nous restons cependant toujours loin des niveaux de 2000-2005, confirmant par là même que le marché demeure fragile. Et ce d'autant que depuis 2018, avec notamment le remplacement de l'ISF par l'IFI (un impôt sur la fortune concentré sur la richesse immobilière), la tendance des prix a commencé à s'inverser, hors Paris intra-muros et quelques grandes villes de province.

De plus, en dépit des analyses récurrentes qui voudraient que l'immobilier français soit toujours très bon marché par rapport à ses concurrents étrangers, le rapport entre les prix des logements et le revenu disponible des ménages confirme qu'il n'en est rien.

En effet, la cherté relative de l'immobilier français (c'est-à-dire comparativement aux revenus des ménages nationaux) demeure l'une des plus élevées d'Occident, avec celle du Royaume-Uni, et très loin devant celle de l'Allemagne et des Etats-Unis.

Ne l'oublions jamais : l'augmentation des prix immobiliers est vertueuse si elle est à l'aune de celle des revenus des particuliers. Dans le cas où elle dépasse largement cette dernière, elle devient risquée, voire néfaste, notamment pour les ménages qui n'ont plus les moyens d'accéder à la propriété, à cause de prix des logements trop élevés.

Or c'est exactement ce qui s'observe depuis quelques années. En effet, de 1960 à 2000, l'indice du prix des logements rapporté au revenu disponible par ménages (en base 1 en 2000) a oscillé entre 0,6 et 1,7, atteignant un niveau moyen, considéré comme « normal », de 1,1.

Bien loin de ce niveau raisonnable, il est actuellement de 1,7. C'est certes légèrement moins que le sommet de 1,72 atteint en 2011, mais toujours beaucoup trop élevé.

A ce jeu des excès, il faut d'ailleurs souligner que le ratio parisien a largement dépassé son sommet de 2012, atteignant un nouveau pic historique de 2,68 au premier trimestre 2020 (contre, rappelons-le, un niveau « normal » de 1,1). Pour information, notons également que le record national de ce ratio est détenu par la ville de Lyon avec un niveau de 2,9.

Loin de ces extravagances, le ratio de l'ensemble de la province, qui avait atteint un plafond de 1,72 en 2007, a reculé à 1,53 en 2017 et 2018, un plancher depuis 2005, pour remonter très légèrement à 1,58 au premier trimestre 2020. Autrement dit, il existe encore des régions de France où les prix de l'immobilier demeurent relativement « normaux ».

Plus globalement à l'échelle nationale, le moteur principal de la dynamique immobilière française reste évidemment la faiblesse des taux d'intérêt des crédits immobiliers, qui demeurent historiquement bas.

Seul bémol de ce crédit « pas cher », le taux d'endettement des ménages rapporté à leur revenu disponible ne cesse de battre des records également historiques, atteignant désormais 101,5 %, contre par exemple 53 % en 1992 et 56 % en 2000. Notons également que les encours des seuls crédits à l'habitation représentent 82 % du revenu des ménages, là aussi un record.

Bien entendu, tant que les taux d'intérêt obligataires restent faibles, il n'y a pas péril en la demeure. Néanmoins, comme les déficits publics et la dette publique de la France repartent en forte hausse, tout comme d'ailleurs leurs homologues européens, une remontée des taux obligataires et hypothécaires apparaît inévitable, ce qui pèsera immanquablement sur les crédits, puis sur les cours de l'immobilier.

Et ce, d'autant que, face à l'augmentation récente du coût du risque pour les banques françaises, ces dernières sont contraintes de durcir leurs conditions d'octroi de crédits et même de faire peser une prime de risque supplémentaire sur les taux d'intérêt des crédits immobiliers.

En outre, les mesures gouvernementales (et notamment l'Impôt sur la Fortune Immobilière) devraient encore affaiblir le marché immobilier.

Autant de facteurs qui réduiront mécaniquement la demande de biens immobiliers.

Du côté de l'offre, l'augmentation du chômage va malheureusement fragiliser de plus en plus de ménages, qui, comme nous venons de le souligner, sont déjà historiquement endettés, notamment sur le front immobilier. Face au chômage et à la baisse de pouvoir d'achat que cela entraînera, de nombreux ménages risquent de se retrouver en situation de surendettement et par là même contraints de vendre leur logement pour lequel ils se sont souvent endettés plus que de raison.

Parallèlement, le développement de la digitalisation et du télétravail va *de facto* réduire l'appétence pour les bureaux et les locaux commerciaux. Or, de nombreux investisseurs et fonds d'investissements immobiliers se sont lourdement endettés pour acquérir ce type de biens, en comptant sur les loyers pour rembourser leurs échéances de crédits. Si les locataires ne sont plus là, ces investisseurs seront alors, eux aussi, contraints de vendre pour rembourser leurs dettes et éponger leurs pertes.

Face à la baisse des prix de l'immobilier commercial et de bureaux, ces investisseurs pourraient même être forcés de vendre les biens sur lesquels ils gagnent encore de l'argent, en l'occurrence ceux de l'immobilier d'habitation. Ce qui accroîtra encore l'offre de logements.

Enfin, et plus structurellement, le marché de l'immobilier va devoir également digérer les conséquences du « papy-boom », en l'occurrence une augmentation du nombre de décès de nos aînés, c'est-à-dire des enfants du « baby-boom », soit un total d'environ 620 000 décès par an au cours des dix prochaines années, en espérant que le Covid19 n'aggravera pas ce chiffre, contre une moyenne de 570 000 décès annuels depuis 2010. Ces évolutions ne manqueront évidemment pas d'accroître encore l'offre de logements.

Au final, les fondamentaux du marché immobilier sont clairs : des prix trop élevés, un resserrement des conditions de crédits, une baisse de la demande et une augmentation de l'offre. Dans ce cadre, il ne faut pas être grand clerc pour comprendre que si l'offre devient structurellement plus élevée que la demande, les prix finiront forcément par baisser.

Face à ce constat, de plus en plus de professionnels de l'immobilier commencent à s'inquiéter, voire à dénoncer une bulle qui est devenue trop extravagante et qui ne va pas tarder à se dégonfler massivement.

Si cette perspective fait peur à certains, il est toutefois utile de rappeler que la baisse des prix n'est pas forcément une mauvaise nouvelle. Elle pourrait même au contraire s'avérer salutaire, ne serait-ce que pour redonner de la solvabilité à une demande fragile.

Les agents immobiliers ont d'ailleurs tout intérêt à ce que les prix reculent modérément, de manière à augmenter le nombre de transactions plutôt que de voir les prix continuer de monter avec de moins en moins d'opérations. C'est d'ailleurs ce qui devrait s'observer, puisque j'anticipe une baisse de l'ordre de 20 % des prix immobiliers en moyenne sur le territoire français (et notamment dans les grandes villes où la bulle est la plus forte) au cours des deux prochaines années.

Ensuite, une fois la correction passée, les prix remonteront progressivement. L'immobilier restera donc un placement porteur à moyen terme. Il a simplement besoin d'un « Reset » pour pouvoir repartir sur des bases plus saines.

Immobilier en France de 1984 à 1998 : la bulle et son dégonflement.

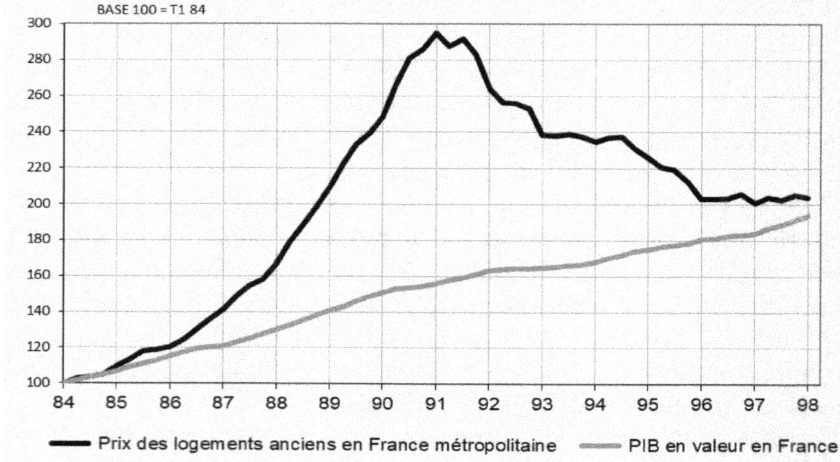

Sources : INSEE, Calculs ACDEFI

La pandémie n'a pas stoppé la bulle... pour l'instant…

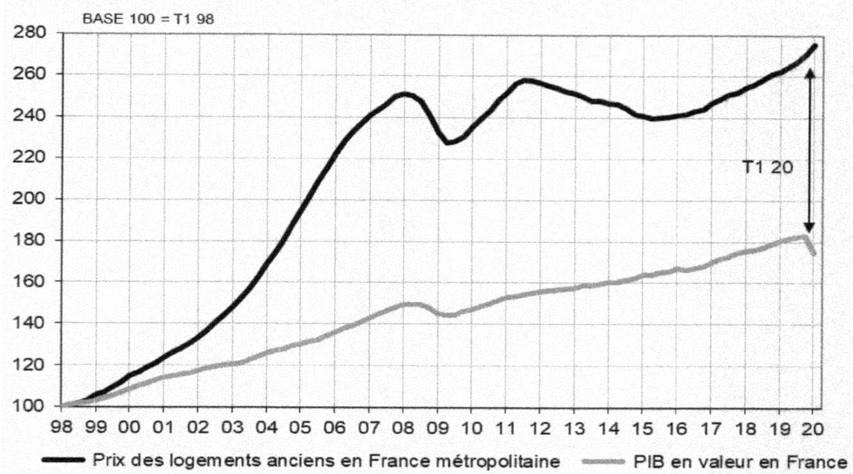

Sources : INSEE, Calculs ACDEFI

L'extravagance de la bulle appelle une correction.

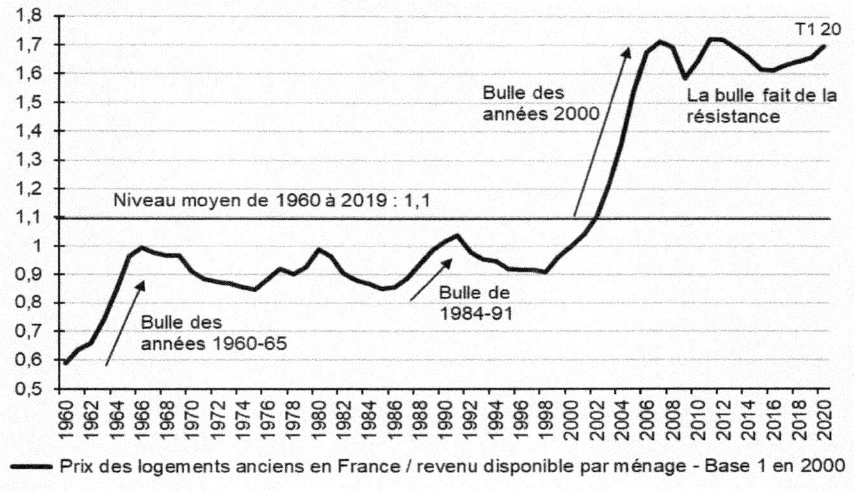

Sources : INSEE, Calculs ACDEFI

Les taux d'intérêt s'effondrent et la dette des ménages flambe.

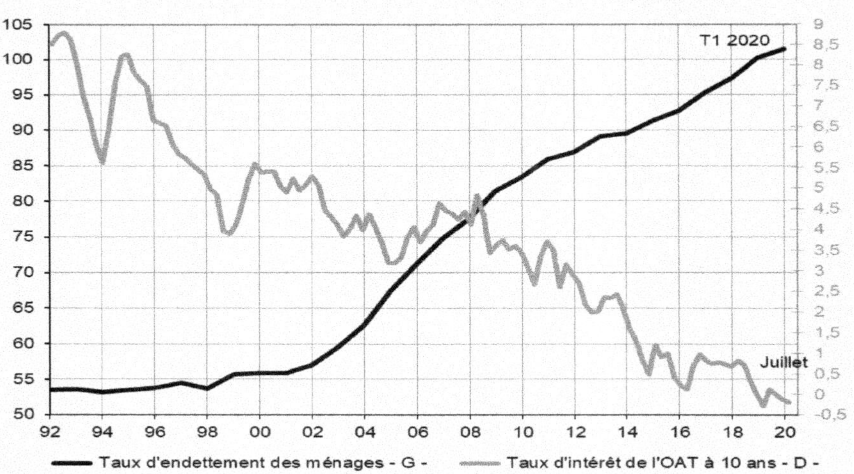

Sources : INSEE, Calculs ACDEFI

EPISODE VI :

COMMENT SE PROTÉGER FACE À LA CRISE ?

31.
NOTRE ÉPARGNE EST-ELLE EN DANGER ?

Cela relève de la nature de l'être humain : tant qu'il ne se retrouve pas devant le fait accompli, il ne parvient pas à admettre la réalité des menaces environnantes.

Ainsi, depuis quelques années, je n'ai cessé d'alerter sur le danger de l'explosion des bulles financières, mais aussi sur la nécessité d'arrêter d'augmenter les « planches à billets » et la dette publique, de manière à se constituer une marge de manœuvre en cas de coup dur… Et malheureusement, les banques centrales et les gouvernements ont tellement abusé de ces drogues dures qu'ils se trouvent désormais « bien dépourvus lorsque la bise fut venue »…

De même, j'ai constamment appelé à la prudence sur les placements financiers en soulignant une règle de bon sens : mieux vaut ne pas gagner beaucoup que perdre énormément. Ceux qui ont subi l'effondrement des marchés boursiers en février-mars ont dû le comprendre de façon criante.

Enfin, j'ai également souligné à plusieurs reprises qu'il était opportun de ne pas laisser des montants trop élevés sur ses comptes à vue, de manière à éviter une mauvaise surprise en cas de crise. Et ce, tout simplement pour se prémunir contre les recommandations formulées par le FMI au lendemain de la crise de 2008-2009.

Celles-ci sont effectivement sans équivoque : taxer les dépôts bancaires, voire l'épargne sur livret au sens large, à hauteur de 10 % au-delà d'un certain seuil, par exemple 100 000 euros. Autrement dit, tous les ménages et les entreprises disposant de plus de 100 000 euros sur n'importe quel type de comptes bancaires se verraient ponctionner 10 % de leur « surplus ». Et ce, « overnight », c'est-à-dire du jour au lendemain et sans sommation.

Cela ramènerait par exemple près de 600 milliards d'euros dans les caisses de l'Etat français. À l'évidence, la tentation est forte. Et lorsqu'on entend certains hommes politiques ou économistes souligner à répétition que les Français sont riches, que leur patrimoine dépasse les 14 000 milliards d'euros (dont environ 6 000 milliards d'euros d'épargne financière, donc non-immobilière et par là même facilement « ponctionnable »), on comprend que cette mesure d'urgence est déjà dans les tuyaux.

D'où trois grands enseignements. Primo, la mise en pratique de ce bazooka ne pourra se faire qu'une fois. Elle engendrera effectivement un fort mouvement de fuite de capitaux vers des pays moins confiscatoires et finira par affaiblir les autres. Pour limiter ces fuites, les pays engageant une telle mesure ne manqueront d'ailleurs certainement pas d'instaurer le contrôle des changes, c'est-à-dire de fermer les frontières et de limiter drastiquement voire d'interdire les sorties de capitaux. C'est d'ailleurs ce qu'avait décidé le gouvernement Mitterrand lors de la relance de 1981. Mais, à l'époque, les mouvements internationaux de capitaux étaient encore relativement faibles. En outre, plus de 80 % de la dette publique française était détenue par des investisseurs nationaux. Le contrôle des changes était alors plus symbolique que prohibitif.

De nos jours, la situation est bien différente. Tout d'abord, si la France veut continuer de respecter les pactes européens et les règles de l'OMC, il lui est interdit de pratiquer un contrôle des changes. Si elle le faisait, elle s'exclurait *de facto* de la zone euro. De plus, souvenons-nous que plus de 50 % de la dette publique française est actuellement détenue par des investisseurs étrangers. Interdire la sortie des capitaux du territoire national reviendrait donc à se priver d'une large partie du financement de notre dette. Ce qui se traduirait par une forte augmentation des taux d'intérêt, d'où une nouvelle phase de récession, d'augmentation du chômage, des déficits publics, de la dette…

D'où notre secundo, à savoir : rien ne prouve que la ponction de 10 % sur les comptes bancaires permettra de relancer durablement la croissance et de réduire durablement les déficits publics. Bien au contraire, puisqu'elle pourrait aggraver encore la récession dans les pays ayant fait ce triste choix. Il s'agira donc d'un fusil à un coup particulièrement inefficace.

Tertio, mieux vaut prévenir que guérir. Autrement dit, pour ceux qui le peuvent, il serait plus prudent de limiter les dépôts sur comptes à vue à 100 000 euros, quitte à en multiplier le nombre. Nous sommes prévenus, il ne faudra pas se plaindre le jour où les bulles exploseront, suscitant un mouvement de panique international, qui pourrait amener certains pays à prendre des décisions malheureuses et dévastatrices...

D'ailleurs, n'oublions pas que les recommandations du FMI ont été mises en pratique lors de la crise chypriote de 2013. A l'époque, en dépit de la réglementation bancaire qui interdisait la taxation unilatérale des dépôts à vue, le gouvernement chypriote, sous le haut patronage de l'Union européenne et du FMI, a tout simplement spolié une grande partie des dépôts bancaires au-delà de 100 000 euros. Comme cela concernait principalement de nombreux comptes « off-shore » et souvent mafieux, l'opinion publique ne s'en est pas émue outre-mesure, mais la boîte de Pandore a bien été ouverte.

Au 1er janvier 2016, la directive européenne relative au « redressement des banques et à la résolution de leurs défaillances » (BRRD) a enfoncé définitivement le clou. Celle-ci a d'ailleurs été transposée en France par ordonnance en toute discrétion et est entrée en vigueur le 1er janvier 2016. Ainsi, depuis cette date, les comptes des clients dotés de plus de 100 000 euros de dépôts pourront être prélevés pour contribuer au sauvetage de leur banque, en cas de besoin.

Il n'y a donc aucune équivoque : si la pandémie n'est pas rapidement circonscrite et si une grave crise économique et financière se produit, dans la mesure où les autorités monétaires et budgétaires du monde occidental, notamment en Europe et en particulier en Italie, en Espagne et en France, n'ont plus de marge de manœuvre pour relancer la machine, la recommandation du FMI sera mise à exécution.

Soyez néanmoins rassurés, nous n'en sommes pas encore là et tel n'est pas notre scénario à court terme. Aujourd'hui, le plus urgent est effectivement d'éteindre l'incendie planétaire qu'a suscité la pandémie au plus vite pour éviter un chaos mondial. Mais ne rêvons pas, une fois que nous sortirons de cette crise, espérons-le le plus tôt possible, il faudra payer la facture, et il serait vain de croire que celle-ci sera indolore. Oui et malheureusement, des entreprises, des ménages et des Etats feront faillites. Le risque d'un « write off » mondial, c'est-à-dire d'une annulation de certaines dettes, est élevé, ce qui signifie que les détenteurs de ces dernières seront lésés.

Dans ce cadre, une question s'impose : et nos économies dans tout ça ? Il est clair que, compte tenu de la tempête et des incertitudes environnantes, le plus sûr est de ne rien faire et de rester liquides. De même, il serait dangereux de rester trop exposé aux obligations d'Etat. Dans la mesure où les taux longs vont augmenter, des moins-values notables devraient être enregistrées. Il faut donc s'alléger en la matière. Pour autant, il ne faut pas oublier que les crises sont aussi des phases d'opportunités. En d'autres termes, compte tenu de la dégringolade boursière massive, de nombreuses actions sont devenues particulièrement peu onéreuses. Attendons néanmoins d'y voir un peu plus clair pour en acheter. Quant à l'or et aux métaux précieux, leurs cours ont déjà bien augmenté. Il faut donc en conserver, mais pas trop.

Autre question importante : comment se protéger contre une faillite bancaire et a fortiori d'un Etat ? Une fois encore, il faut rappeler des règles de bon sens. Tout d'abord, faites très attention aux arnaques ! Malheureusement, de plus en plus de soi-disant conseillers mais aussi de sites internet « spécialisés » utilisent la « peur de la crise » pour vendre des produits d'épargne fallacieux ou tout simplement pour voler l'argent des épargnants. Donc, tout ce qui est cryptomonnaies, notamment bitcoin, mais aussi courtier en ligne non-homologués par l'Autorité des Marchés financiers ou encore les produits complexes, abstenez-vous !

Autre point déterminant, en cas d'enlisement de la crise, certaines petites banques pourraient faire faillite. Et là, attention : rappelons qu'en France et en Europe, les dépôts bancaires ne sont garantis qu'à hauteur de 100 000 euros par personne et par banque. Cela signifie que si vous avez plus de 100 000 euros sur un compte à vue, vous perdrez tout ce qui est au-dessus en cas de faillite de cette dernière.

Vous avez donc intérêt à choisir une bonne banque et à ouvrir plusieurs comptes dans différentes banques. Comme le dit la sagesse populaire : il ne faut pas mettre ses œufs dans le même panier.

Enfin, pour se protéger contre le risque de ponction de l'Etat sur ses comptes bancaires, sachez que ce dernier ne pourra pas puiser dans certains types de comptes et notamment les livrets A et les contrats d'assurance-vie. C'est donc clair et sans équivoque : le livret A et l'assurance-vie restent de bons placements de père de famille. Ca rapporte peu, mais vous ne risquez pas grand-chose, y compris en période de crise.

En conclusion : ne soyez pas catastrophistes, ne paniquez pas ! Si vous faites preuve de bon sens et de prudence, vous pouvez vous protéger facilement contre la prochaine et inévitable crise financière.

32.
Il est l'or de se réveiller…

Face à la crise du Covid19 et à la récession qui s'est installée, l'or a retrouvé la faveur des investisseurs et des épargnants.

Ainsi, comme lors des deux chocs pétroliers de 1973 et 1980, mais aussi comme lors de la crise de 2009, les cours de l'or ont flambé.

Ayant atteint un nouveau sommet historique de 2 040 dollars l'once le 5 août 2020, plusieurs questions s'imposent néanmoins : l'or est-il devenu trop cher ? Reste-t-il une valeur refuge ? De quoi peut-il nous protéger ? Faut-il encore en acheter ? Quelle part de notre épargne lui consacrer ?

Voici mes réponses pédagogiques et engagées, graphiques explicites à l'appui (présentés à la fin de ce chapitre).

Pour commencer, et même si on l'oublie souvent, la fascination pour l'or est millénaire. Elle est née il y a environ 5 000 ans. A l'époque, les Égyptiens ont été les premiers à tirer l'or du Nil et à exploiter des gisements à ciel ouvert. Ensuite, il y a eu la Bible : l'or y est mentionné à plus de 400 reprises. Et depuis, cette fascination pour l'or ne s'est jamais estompée. Pourquoi ? Tout simplement, parce que l'or est un métal précieux et rare. Il incarne donc une image de confiance et de solidité.

Avec les siècles et pour simplifier à l'extrême, l'or est même devenu l'une des principales contreparties de la création monétaire. Ainsi, jusqu'en août 1971, chaque pièce et billet en dollar avait une correspondance en or. En gros, pour avoir le droit de créer des pièces et des billets, il fallait disposer au préalable de réserves d'or. Autrement dit, l'or est devenu une sorte de garantie. Ce que l'on appelle une « valeur refuge ».

Et ce, en particulier en période de crise, de guerre, bref d'instabilité. Pendant ces périodes difficiles, le cours de l'or a même tendance à augmenter fortement.

Souvenons-nous : en 1971, quelques trimestres avant le premier choc pétrolier, l'once d'or (petit rappel : l'once équivaut à 31,1 grammes d'or) valait 37 dollars. En 1974, donc juste après le premier choc pétrolier de

1973, cette même once d'or est montée à 200 dollars. Ensuite, en 1980, juste après le second choc pétrolier, elle a grimpé à plus de 800 dollars (850 dollars au plus haut), soit une explosion de 2 000 % en neuf ans ! Cette flambée a évidemment alimenté la légende de l'or « valeur refuge », à tel point qu'il est devenu synonyme de sécurité et aussi de rendement élevé.

Et ce, en particulier pour les Français, qui sont parmi les plus grands fans d'or à travers la planète. Selon un sondage réalisé par OpinionWay en 2019, 73 % des épargnants français estiment aujourd'hui que le métal jaune constitue une solution d'épargne pertinente pour protéger leurs économies. L'or serait ainsi la quatrième solution d'épargne privilégiée par les Français après la pierre, l'assurance-vie et le dépôt d'argent.

Encore plus fort : les Français détiennent le record mondial de la détention d'or, qui est ainsi devenue une véritable tradition nationale. 16 % des Français déclarent posséder ou avoir possédé de l'or sous forme de pièces et lingots et cela concerne toutes les catégories sociales.

Et ce n'est pas tout, puisqu'on estime que les particuliers français détiennent actuellement 3 000 tonnes d'or. Ce bas de laine en or représente un potentiel de 140 milliards d'euros détenu par les particuliers, et dans toutes les couches de la population : les ouvriers (13 %), les employés (17 %), les cadres (20 %).

Seulement voilà, si l'or est bien une « valeur refuge », cela ne veut pas dire qu'il est gagnant à tous les coups. Pour la bonne et simple raison que, comme toute matière première, le cours de l'or varie à la hausse, mais aussi à la baisse. Ainsi, après avoir dépassé les 800 dollars, en 1980, l'once d'or est tombée à 300 dollars dès 1982, soit une chute de 65 %. Ensuite, l'or a stagné autour des 300 dollars jusqu'en 2004.

Il n'a retrouvé les 800 dollars qu'en 2008, avec la crise des subprimes et la récession qui a suivi. Autrement dit, un épargnant qui aurait acheté de l'or en 1980, en pensant qu'il était sûr de gagner beaucoup, n'a retrouvé sa mise que 28 ans plus tard.

Bien entendu, avec la crise de 2009, qui selon certains auraient dû être pire que celle de 1929, l'or a retrouvé son rôle de « valeur refuge ». Il a donc logiquement flambé. L'once d'or est même montée à 1 900 dollars en septembre 2011. A l'époque, de nombreux « spécialistes » du métal jaune annonçaient une hausse imminente vers les 2 500 dollars. De mon côté, j'écrivais qu'au-delà des 1 500 dollars l'once, l'or était entré en bulle et qu'il n'était plus possible de faire des prévisions sur la base des fondamentaux économiques.

D'ailleurs, depuis ce sommet, l'or est très vite reparti à la baisse pour tomber à 1 050 dollars en décembre 2015, avant de remonter progressivement pour ensuite flamber et atteindre un nouveau record de 2 040 dollars dans le sillage des craintes liées au Covid19 et au risque de récession durable.

Néanmoins, si l'on raisonne à dollars constants, c'est-à-dire en tenant compte de l'inflation, il ne faut pas oublier que les 850 dollars de 1980 équivalent à environ 2 800 dollars d'aujourd'hui. Autrement dit, l'épargnant qui a acheté de l'or à 850 dollars en 1980, est toujours très loin d'avoir retrouvé sa mise. Cela veut donc bien dire que si l'or rassure, il peut aussi causer des blessures.

Pour simplifier, l'or n'est une « valeur refuge » que face à trois dangers majeurs : l'hyperinflation, une récession mondiale et un krach boursier et/ou obligataire international. Le début des années 1980 avait la particularité de cumuler ces trois catastrophes. Dès que ces dangers se sont estompés, puis ont disparu, l'or s'est logiquement écroulé.

A l'inverse, lorsqu'au moins un de ces trois dangers refait surface, l'or reprend du poil de la bête. Et c'est exactement ce qui se passe depuis 2019 et surtout en 2020, du moins en ce qui concerne les deux derniers risques.

En effet, depuis un an et avant même la pandémie de Coronavirus, les risques de fort ralentissement de la croissance mondiale et de dégonflement des bulles boursières et obligataires ont nettement augmenté.

Avec la pandémie, puis le confinement, ce ralentissement s'est transformé en une récession historique. En effet, à date, c'est-à-dire en espérant que la situation sanitaire ne va pas de nouveau se dégrader (ce qui est malheureusement loin d'être évident), le PIB mondial devrait chuter d'environ 4,5 % sur l'ensemble de l'année 2020.

A titre de comparaison, lors du deuxième choc pétrolier et de la crise de 2008-2009, qui ont suscité une forte hausse des cours de l'or, l'évolution du PIB planétaire a été au plus bas de respectivement + 0,6 % (en 1982) et - 0,1 % (en 2009). C'est dire combien l'augmentation des cours de l'or apparaît justifiée au regard de l'ampleur de la récession actuelle.

De même, si, pour le moment, les marchés boursiers et obligataires continuent d'être soutenus artificiellement par la « morphine » des banques centrales, en l'occurrence leurs « planches à billets » sans limite, il est clair que la dépression économique de 2020 finira forcément par remettre les pendules à l'heure, en particulier sur les marchés actions.

Il est d'ailleurs intéressant de noter que, pour la première fois dans l'histoire contemporaine, les cours de l'or et ceux des actions ont évolué dans le même sens depuis 2019. Tout se passe donc comme si les investisseurs voulaient à la fois profiter des largesses des banques centrales tout en conservant un matelas de sécurité aurifère.

Cette sécurité sera d'ailleurs d'autant plus nécessaire si la bulle de la dette publique finit, elle aussi, par exploser et que, ce faisant, la zone euro entre dans une nouvelle crise existentielle. En d'autres termes, tout milite pour renforcer l'appétence pour l'or en tant que valeur refuge.

En fait, pour le moment, le seul risque qui apparaît contradictoire avec la flambée du métal jaune est celui de l'hyper-inflation.

En effet, que ce soit aux Etats-Unis, dans la zone euro ou au Japon, l'inflation reste proche de zéro.

En revanche, compte tenu des fortes incertitudes sanitaires, économiques et financières internationales qui prévalent actuellement et vont s'imposer au cours des prochains trimestres, les cours de l'or vont forcément rester élevés. Il faut donc en mettre dans vos portefeuilles, mais pas trop non plus. Disons 15 %, voire 20 % pour les plus frileux. Ce sera une poire pour la soif.

Cependant, attention, dès qu'il dépassera significativement les 2 000 dollars l'once, l'or commencera à devenir trop cher et entrera dans une bulle, il faudra donc éviter d'en acheter. Et oui, il ne faut pas rêver : l'or aussi a ses limites. Comme disait Yves Montand à Louis de Funès dans La folie des grandeurs « Monseignor, il est huit or, il est l'or de se réveiller… »

L'or atteint de nouveaux sommets historiques.

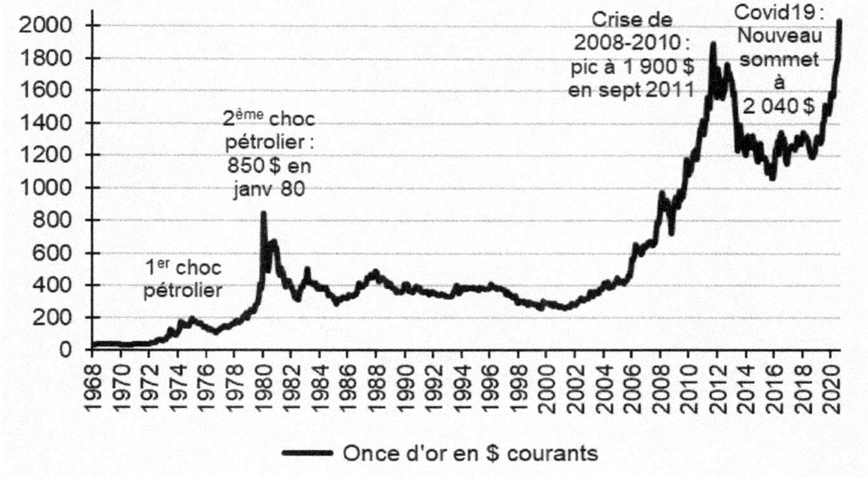

Source : ACDEFI

A prix constants, l'or n'a toujours pas retrouvé ses sommets de 1980.

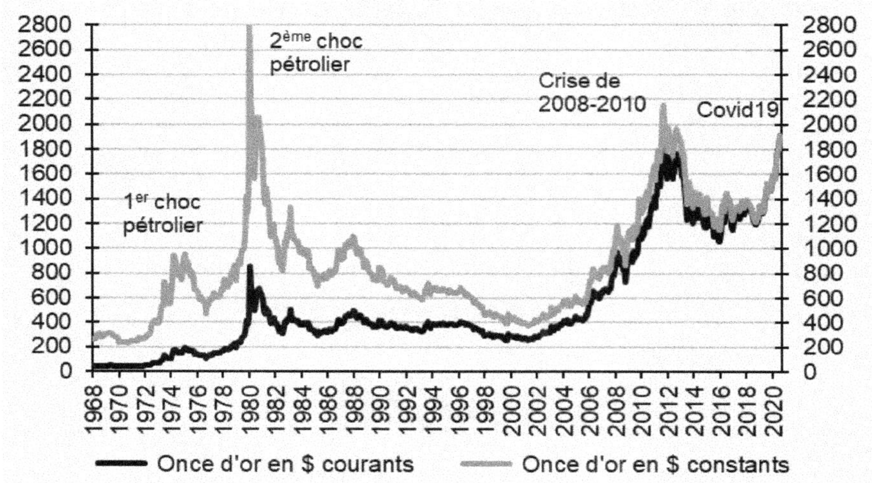

Source : ACDEFI

L'or valeur refuge contre la récession.

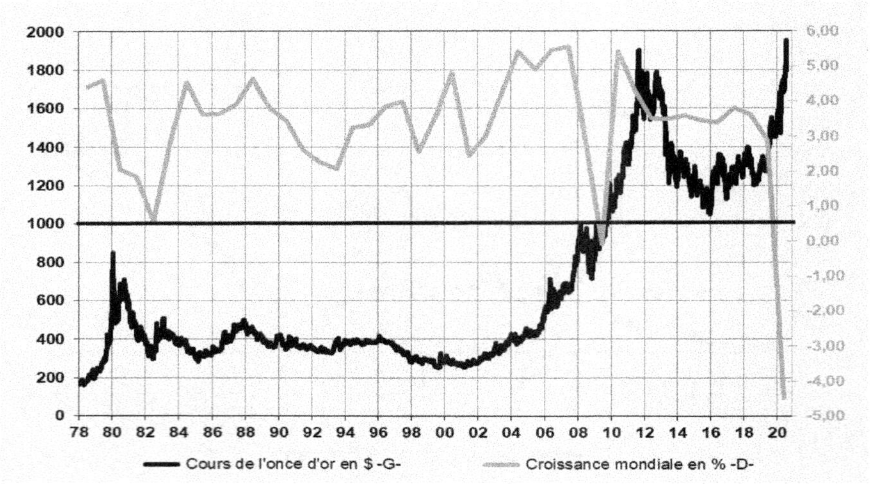

Sources : FMI, ACDEFI

L'or flambe normalement quand l'inflation dérape...

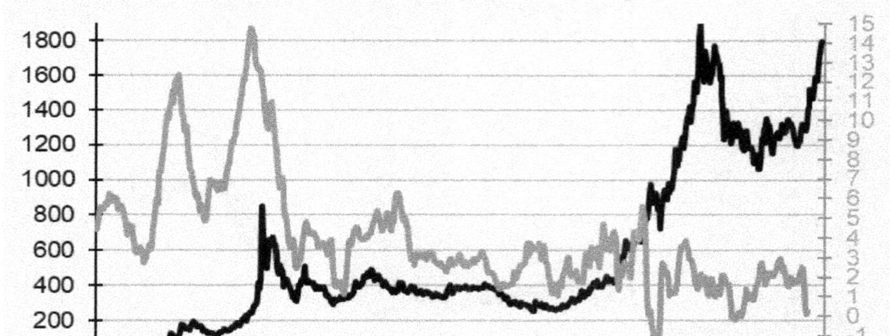

Sources : BLS, ACDEFI

33.
COMMENT SORTIR DE LA CRISE PAR LE HAUT ?

Comme nous l'avons vu jusqu'à présent, il faut rester optimistes mais réalistes : les fondamentaux économiques et financiers de l'ensemble des entreprises françaises et mondiales s'annoncent compliqués : baisse de revenus des acteurs économiques (ménages, entreprises, professionnels et artisans), faiblesse durable des cours boursiers, augmentation de la volatilité des marchés financiers, remontée des taux d'intérêt obligataires, risque de chute des cours immobiliers, utilisation de l'épargne des citoyens pour faire face aux risques économiques et sociaux...

Le pire est que face à ces évolutions défavorables, les armes de politique économique pour tenter de relancer la machine sont limitées, pour ne pas dire inexistantes. En fait, seuls les pays disposant de réserves de changes conséquentes (notamment les pays asiatiques) et/ou d'une marge de manœuvre budgétaire appréciable (principalement l'Allemagne) ont de quoi affronter cette nouvelle crise. Les Etats-Unis devraient tirer progressivement mais difficilement leur épingle du jeu, notamment grâce à l'hégémonie du dollar et à la combativité de leurs entreprises et de leur main-d'œuvre.

Quant à la zone euro (hors Allemagne), sa cartouchière est vide : le taux refi est déjà à 0 %, la dette publique est stratosphérique, la « planche à billets » a déjà été utilisée à plein mais n'a produit que très peu d'effets positifs sur la croissance, engendrant une « trappe à liquidités ».

Dans ces conditions, la crise de 2020 sera certainement la plus difficile depuis la seconde guerre mondiale et même depuis le krach de 1929. Face à cette sombre perspective, il pourrait évidemment être tentant de baisser les bras. Mais attention : si nous nous décourageons, nous sommes sûrs de perdre, car le pessimisme est, par définition, auto-réalisateur et par là même destructeur. Dès lors, il faut songer à se barricader, s'acheter un lopin de terre pour cultiver ses légumes et élever ses chèvres, tout en se munissant d'un fusil pour défendre le tout…

Fort heureusement, bien loin de ce scénario catastrophe, nous pouvons aussi opter pour une deuxième solution : celle de la sortie de crise par le haut. Pour ce faire, il suffit de se retrousser les manches et de retrouver une certaine dose d'espoir, voire d'optimisme. Ne l'oublions jamais : les crises font partie de la vie économique. Autrement dit, si, un jour un homme politique ou un économiste annonce qu'il a la recette pour supprimer les crises, vous saurez que c'est un menteur. En économie, c'est un peu comme avec le corps humain ou le climat, il y a des crises et des tempêtes, l'essentiel est d'en sortir par le haut.

Ce n'est d'ailleurs pas pour rien qu'en mandarin, le mot « crise » se décompose en deux mots « danger » (Wei) et « opportunité » (Ji) ! Souvenons-nous également que l'économie n'est pas une science exacte mais une science humaine, sur laquelle les hommes et les femmes ont un véritable pouvoir et pour laquelle il n'y a donc pas de fatalité. Notre avenir est entre nos mains et si nous n'en sommes pas conscients, nous devenons alors la proie du doute et de la faillite.

Malheureusement pour nous, c'est-à-dire les Français et les Européens continentaux, cette réalité et cette conviction que tout devient possible grâce à la volonté ont du mal à être intégrées culturellement. De la sorte, nous devenons beaucoup plus vulnérables que nos partenaires anglo-saxons, sans parler des pays émergents et notamment de la Chine, qui, bien qu'à l'origine de la pandémie, pourrait finalement mieux résister que les autres.

Soyons donc clairs : si nous continuons de broyer du noir, si des pays comme la France refusent de réformer en profondeur leur économie, si les gouvernements de la zone euro ne réussissent pas à se mettre d'accord pour unir leurs forces, si les partenaires sociaux refusent de s'entendre, alors, la zone euro et la France seront les grandes perdantes de cette crise.

D'ailleurs, grâce à une réactivité structurelle et à une culture de la prise de risque et de l'investissement sur l'avenir, les Chinois, les Américains, les Anglais, les Canadiens ou encore les Indiens sauront certainement relever les défis de cette crise et surprendre par la rapidité et la vigueur de leur reprise.

En revanche, dans la mesure où tel n'est pas le cas chez nous et où, au contraire, c'est la culture de la fatalité, du pessimisme et du regard dans le rétroviseur qui persiste, nous sommes en danger. Pour éviter la dépression tant économique que psychologique, nous avons donc l'obligation de nous prendre en main sans trop compter sur les pouvoirs publics qui, de toutes façons, finiront par nous faire payer la facture en ré-augmentant les impôts.

Dans ce cadre, les entreprises devront lancer des stratégies anti-crises qui leur permettront de sortir par le haut de la situation actuelle.

Je conseille ainsi les quatre voies stratégiques suivantes :

1. Des stratégies de niches, sur des produits et des services sur lesquels nous disposons d'un savoir-faire.

2. Faire savoir ce « savoir-faire » en développant les efforts de communication. En temps de crise, on hésite souvent à communiquer. Il s'agit là d'une grave erreur car celui qui ose faire parler de lui à bon escient, y compris pendant les tempêtes, réussira à se démarquer et à capter de nouveaux clients.

3. Miser au maximum sur l'innovation et la Recherche-Développement, de manière à conserver en permanence un ou deux trains d'avance sur la concurrence. Ces efforts doivent notamment porter sur les investissements informatiques et la rationalisation des coûts.

Bien entendu, l'innovation ne concerne pas seulement la high-tech. Elle peut et doit aussi s'appliquer à toutes les strates du processus de production et de distribution : relations avec les clients, outils comptables, gestion des stocks, service après-vente…

Il ne faut pas non plus hésiter à faire de la croissance externe, en rachetant des entreprises encore intéressantes mais qui n'ont pas su relever les présents défis et ont été par là même affaiblies par la crise.

4. Développer son rayonnement à l'international, en Europe, mais aussi dans le monde émergent qui continuera de réaliser, malgré la crise, les deux tiers de la croissance mondiale au cours des trente ans à venir.

Accompagnant ces stratégies, il sera également indispensable de miser de plus en plus sur la « distribution on line » et la vente à distance, tout en mettant en avant une qualité du service hors-pair et la transparence des tarifs.

Ce faisant, nos entreprises pourront continuer leur développement avec succès comme elle le font déjà depuis plusieurs années et sortir ainsi gagnantes de la crise.

Les salariés aussi doivent se retrousser les manches, se rendre indispensables, adhérer au projet de l'entreprise, améliorer leurs compétences, ne pas hésiter à aller voir ailleurs et notamment à l’international.

À l’inverse, celui qui baisse les bras, qui ne se remet pas en question, qui joue contre son entreprise et compte sur l’Etat pour lui sauver la mise est sûr de perdre.

Espérons donc que de plus en plus de Français et d'Européens continentaux, entreprises et ménages confondus, sauront retrouver une vision d'avenir et relever les défis de demain avec espoir, car, ne l'oublions pas, l'optimisme paie toujours… A fortiori lorsque le monde doit passer par la case « Reset ».

34.
QUEL NOUVEAU MONDE POUR DEMAIN ?

Oh la la la vie en rose
Le rose qu'on nous propose
D'avoir les quantités d'choses
Qui donnent envie d'autre chose
Aïe, on nous fait croire
Que le bonheur c'est d'avoir
De l'avoir plein nos armoires
Dérisions de nous dérisoires car
Foule sentimentale…

Ah ! Qu'il a bien changé le monde depuis cette fameuse balade d'Alain Souchon de 1993.

Aussi, au regard de la société que certains voudraient créer pour les décennies à venir, je me suis permis de la parodier comme suit (encore une fois : on s'amuse comme on peut quand on est économiste) :

Oh la la la vie en vert
Le vert de la misère
De vivre comme des vers de terre
Plus de vacances à la mer
Aïe, on nous fait croire
Que le bonheur c'est d'rien avoir
De vivre dans le désespoir
Dérisions de nous dérisoires car
Foule sentimentale…

Non ! Je ne veux pas de ce monde ni pour moi et encore moins pour mes enfants et mes futurs petits-enfants. Bien entendu, la surconsommation à outrance, la dictature du paraître et de l'éphémère, sans oublier les exagérations et exubérances en tous genres sont des fléaux individuels et sociétaux. Pour autant, est-ce bien raisonnable de passer d'un extrême à l'autre ?

Et ce, d'autant que la pandémie de coronavirus n'est malheureusement pas terminée, tout comme ses conséquences économiques et sociales négatives. A ce sujet, les discours dominants sont tombés dans une sorte de schizophrénie incroyable, puisque d'un côté, les extrémistes verts et les ultras de la décroissance (qui sont d'ailleurs souvent les mêmes) nous disent qu'il faut arrêter de consommer, mais de l'autre, on nous dit que pour relancer l'économie française, il faut que les ménages utilisent leur épargne accumulée pendant le confinement (grâce notamment à la générosité de l'Etat qui a gonflé l'épargne des Français d'environ 75 milliards d'euros) pour consommer plus. Les Shadocks n'auraient pas fait mieux !

De même, on n'arrête pas de nous sermonner pour ne plus prendre l'avion et l'on se plaint lorsque les compagnies aériennes et les constructeurs aéronautiques licencient… A croire que certains, voire beaucoup, n'ont toujours pas compris que la réalité est très éloignée du monde des Bisounours…

Aussi, ne nous leurrons pas : si le monde à venir consiste à faire de la décroissance une raison d'être, il est voué à l'échec. Et pour cause : comme nous l'a montré le triste épisode du confinement et comme va le confirmer la suite des évènements internationaux, la décroissance se traduit immanquablement par des faillites d'entreprises, des destructions d'emplois, du chômage de masse, une augmentation de la pauvreté, voire de la malnutrition, en particulier dans les pays émergents (et pas seulement), sans oublier une aggravation des inégalités. Or, si les populations de la planète sont appauvries, elles n'auront guère le loisir de se préoccuper des questions écologiques. En d'autres termes : trop d'écologie tuera l'écologie…

De plus, ne l'oublions jamais : l'écologie n'a de sens que si elle se traduit par une amélioration des conditions de vie, voire du bonheur des citoyens de la planète. Si la mondialisation est stoppée, le rattrapage des pays émergents, et a fortiori des pays en voie de développement, ne se produira jamais. Ce qui aggravera la pauvreté dans le monde et les inégalités.

En fait, l'écologie ne doit pas s'opposer à l'économie et à la croissance. Bien au contraire. L'écologie doit passer par l'économie au travers des innovations et des progrès technologiques. Avouons qu'un monde sans avion, sans usine, sans voiture, sans consommation, sans investissement… serait d'une tristesse infinie et surtout ne serait pas viable. Car, même si la nature est formidable, vivre d'amour et d'eau fraîche n'existe qu'au cinéma, et encore…

Même s'il est humain et agréable de rêver, il faut aussi de temps en temps redescendre sur terre. Encore mieux, le rêve peut aussi être compatible avec la création de richesses et d'emplois. Plutôt que de rêver à un monde sans avion et sans voiture, il serait ainsi plus efficace de rêver à un monde avec des voitures et des avions propres (électriques ou hydrogènes), des usines peu ou pas polluantes, un développement des nouvelles technologies de l'énergie et de l'agro-alimentaire, mais aussi avec des services à la personne plus performants…

C'est en cela que le « Reset » engendré par la pandémie de coronavirus ne doit pas devenir une destruction complète du monde passé. Non, cette remise à zéro doit permettre un « upgrade », c'est-à-dire une amélioration des conditions économiques, écologiques, financières, sociales et sociétales.

Certes, le capitalisme est loin d'être parfait, mais c'est le seul système qui fonctionne. Le détruire reviendrait à plonger le monde dans un chaos inextricable. Il faut donc repenser notre monde et l'améliorer grâce aux progrès technologiques. Ce qui suppose également une prise de conscience générale et une amélioration de la culture économique des citoyens du monde et en particulier de ceux de France qui continuent de confondre économie et « lutte des classes ». Ne nous trompons donc pas d'ennemi : le danger ce n'est pas la croissance, mais la destruction et le chômage.

Être sentimental et se permettre d'avoir des préoccupations écologiques sont des luxes de pays riches et en croissance. Si la pauvreté et l'instabilité sociétale s'aggravent, celles-ci seront malheureusement vite oubliées.

En prenant du recul, les historiens décriront certainement le premier tiers du 21ème Siècle comme suit : attentats du 11 septembre 2001, fin de la croissance forte pour les pays développés, faillite de Lehman Brothers et récession de 2008-2009 qui suscita une flambée dramatique des dettes publiques et une utilisation excessive de la « planche à billets », pandémie de Coronavirus, dépression historique, nouvelle flambée des dettes publiques et du chômage, crises sociales et sociétales.

Espérons donc que le second tiers du 21ème Siècle sera plus réjouissant, avec, pour commencer la découverte d'une thérapie efficace et d'un vaccin fiable contre le Covid19 et ses successeurs. Ensuite, il faudra instaurer des normes sanitaires plus strictes et bien respectées à travers le monde, et notamment en Chine, qui reste l'un des foyers épidémiques les plus actifs depuis des siècles.

Par la même occasion, l'Empire du milieu devra améliorer ses règles démocratiques, et en particulier la liberté d'expression et de la presse, pour pouvoir continuer de rester dans l'Organisation Mondiale du Commerce et d'échanger avec le reste du globe.

Pour que le monde soit meilleur, il sera également indispensable de mieux contrôler tous les excès des marchés financiers, notamment en limitant la formation de bulles, en imposant aux banques centrales de se soucier davantage de la croissance et de l'emploi que de la bonne humeur des marchés boursiers. Les taux d'intérêt devront aussi retrouver une plus grande corrélation avec les fondamentaux économiques et notamment avec les dettes publiques.

Il sera aussi nécessaire de réguler les places offshores et toutes les cryptomonnaies, à commencer par le bitcoin.

Parallèlement, il faudra aussi mieux contrôler les GAFAM et leurs acolytes, de manière à protéger les citoyens de la planète, quitte à engager un démantèlement organisé de ces mastodontes avant qu'ils ne deviennent des monopoles dictatoriaux. De la sorte, le pouvoir numérique sera décentralisé et mieux réparti à travers le globe.

En outre, le monde de demain devra aussi être plus propre et plus responsable au travers du développement de nouvelles technologies, notamment dans le domaine de l'énergie et de l'agro-alimentaire.

En conclusion, un nouveau monde moins extravagant, plus sûr, plus démocratique, tout en étant plus moderne et plus égalitaire est encore possible. Il suffit que les dirigeants de la planète aient le courage d'en poser les fondations au plus vite.

Conclusion

Plus jamais ça !

Lorsque le 3 janvier 2020, je présentais mes prévisions et celle des équipes de mon cabinet ACDEFI (Aux Commandes de l'Economie et de la Finance) pour l'année à venir en titrant ma synthèse : « 2020, l'année de tous les dangers... », nous étions toutes et tous très loin d'imaginer que la réalité serait pire qu'un cauchemar.

De même, lorsque le 24 janvier, à l'approche du nouvel an chinois, j'écrivais « L'année du rat de métal risque de faire mal… », j'étais encore loin du compte… A l'époque, le « Coronavirus de Wuhan » commençait tout juste à faire parler de lui et j'annonçais qu'il pourrait enlever quelques dixièmes de point à la croissance mondiale, attirant parfois des critiques sarcastiques…

Et pourtant ! Non seulement cette « grosse grippe », comme l'appelaient alors certains médecins et spécialistes, est devenue une pandémie mondiale, tuant officiellement près de 670 000 personnes à travers la planète (au 30 juillet 2020), mais, en plus, elle a entraîné une dépression économique internationale sans précédent depuis la seconde guerre mondiale. En fait, pour retrouver une chute du PIB aussi forte, il faut remonter à la crise de 1929, qui, en quatre ans, a fait chuter le PIB américain de 26,3 % (hors inflation).

Le drame est que, comme dans les années 1930, le plongeon du PIB n'est pas un simple chiffre, il se traduit immanquablement par des faillites d'entreprises, des destructions d'emplois massives et une flambée du chômage.

Parallèlement, pour essayer d'éteindre l'incendie, les dirigeants politiques et monétaires de la planète ont engagé une relance exceptionnelle tant par sa rapidité que par son ampleur. Le problème est qu'avant même le début de la pandémie, la « planche à billets » avait déjà été utilisée excessivement et les dettes publiques atteignaient déjà des niveaux stratosphériques (à part dans certains et rares pays tels que les Pays-Bas et l'Allemagne).

Dès lors, il ne faut pas se leurrer : cette débauche de moyens ne constitue qu'une « fuite en avant », destinée à sauver les meubles, mais incapable d'engendrer une croissance forte et durable, principalement dans les pays déjà anesthésiés depuis des années par une dette publique et un soutien monétaire autant pléthoriques qu'inefficaces.

Mais malheureusement, comme disait feu Jacques Chirac, « les problèmes (ou plutôt les « emmerdes » pour reprendre l'expression exacte) c'est comme les oiseaux migrateurs, ça vole toujours en escadrille ».

Ainsi, après la pandémie, puis la mauvaise gestion sanitaire de cette dernière qui a débouché sur un confinement extrême, qui a lui-même alimenté une récession historique, qui, à son tour, est en train de susciter de nombreuses faillites d'entreprises et un chômage massif, ce sont désormais des émeutes sociales qui menacent la stabilité de notre « beau monde ».

En effet, que ce soit en Inde, au Brésil, aux Etats-Unis, en France et certainement en Chine et dans d'autres dictatures (mais ça on ne le verra jamais), l'heure est à la vindicte. On aurait pu croire que le déploiement de la Garde nationale pour défendre Washington était réservé aux superproductions hollywoodiennes, et bien non, nous l'avons vécu en direct. « Incredible ! »

De même dans l'Hexagone, après les « gilets jaunes », on croyait avoir tout vu, eh bien non, les casseurs se fichent de la pandémie et de la distanciation : peu importe si une deuxième vague épidémique arrive, l'important c'est de casser ! Pourtant s'il y en a un qui n'est pas raciste c'est bien le Covid-19…

Evidemment que le racisme doit être combattu, mais était-ce vraiment le bon moment pour se lancer dans une vague d'instabilité sociétale particulièrement dangereuse ?

Car, ne nous voilons pas la face : la récession étant déjà historique, si la petite reprise qui s'esquisse est déjà contrecarrée par des émeutes ou autres blocages majeurs, l'économie française ne s'en remettra pas.

Ces types de dérapages sont effectivement de nature à nuire à la crédibilité de la France en tant que puissance économique stable et maîtrisée. Déjà très aggravée par une dette publique historiquement élevée et une récession tout aussi historique, la défiance à l'égard de la France s'accroîtra encore, suscitant une remontée des taux d'intérêt des obligations d'Etat, qui alimentera une dépression économique déjà dramatique.

De la sorte, le chômage flambera encore davantage, entretenant la grogne sociale et l'instabilité sociétale, engendrant par là même un cercle pernicieux particulièrement dangereux, qui ne manquera d'ailleurs pas de se répandre à l'ensemble de la zone euro, qui pourrait bien finir par exploser...

Mais, puisque la réalité est en train de dépasser les fictions les plus folles, alors peut-être que, comme dans tout bon film catastrophe américain, c'est lorsque l'on croit que tout est perdu que Bruce Willis et Will Smith arrivent et réussissent à sauver le monde. Le seul problème est que lorsque le film catastrophe fait un carton au box-office, il est généralement suivi d'une suite encore plus folle et plus destructrice que la première partie…

Une chose est sûre, après avoir vécu le krach de 1987, la récession de 1991-93, la crise asiatique de 1997, le krach Internet de 2000, les attentats du 11 septembre 2001, les affaires Enron et WorldCom, le baril à 150 dollars, la crise des subprimes, la faillite de Lehman Brothers ou encore le Brexit et maintenant une pandémie doublée d'une crise économico-sociale historique, nous pourrons dire à nos petits enfants : « j'y étais ! ». On se console comme on peut…

En attendant, espérons que le « Reset » qui aura lieu après cette crise sanitaire et économique historique ne se traduira pas par la réédition du monde du passé en pire.

Non, nous devons tout faire pour que cette réinitialisation mondiale soit aussi un « upgrade », c'est-à-dire une amélioration de notre système économique, financier, sociale et sociétale.

Cela devra notamment passer par des Etats plus responsables, moins dispendieux et plus soucieux de la bonne utilisation de l'argent public.

Les banques centrales devront aussi faire passer la stabilité économique et financière devant le court-termisme et l'alimentation des bulles financières.

Une Organisation Mondiale du Commerce plus efficace et plus transparente devra également s'imposer, avec un respect effectif des normes sanitaires et démocratiques, qui devront devenir des conditions *sine qua non* au développement des échanges internationaux.

De même, il faudra s'employer à contenir la surpuissance des mastodontes du numérique, et notamment des GAFAM, via la fin des situations de monopole, une plus grande transparence et un meilleur contrôle dans l'utilisation des données, sans oublier une fiscalité claire et harmonisée à l'échelle de la planète.

Enfin, si le nouveau monde sera forcément plus écologique, cela ne devra pas se faire par l'instauration de nouvelles taxes prohibitives et liberticides. Non, cela devra passer par le développement de nouvelles révolutions technologies, que ce soit dans les domaines de l'énergie, de l'agro-alimentaire ou encore de la robotique et des nanotechnologies. Ces révolutions technologiques permettront notamment de maintenir le monde dans une croissance saine, tout en améliorant les gains de productivité, l'emploi, les revenus et le bien-être global.

De la sorte, la crise du Covid19 et les dégâts humains qu'elle a engendrés ne seront pas vains. Ce choc sans précédent se traduira certes par une remise des compteurs à zéro, mais aussi par un monde plus propre, plus transparent, moins exubérant, mais aussi plus sûr et moins belliqueux.

Nous pourrons alors être fiers d'avoir traversé la crise la plus grave depuis la seconde guerre mondiale et d'en être sortis par le haut, c'est-à-dire en ayant sauvé et amélioré notre belle planète bleue, que nous pourrons donc léguer à nos enfants en toute quiétude et sans regret.

Ce livre a été imprimé en France par CPI

N° d'impression : 2053054

Dépôt légal : Août 2020